I0086164

Preparándose para el noviazgo y el matrimonio:
Un devocional familiar de 31 días

Cory Griess

REFORMED
FREE PUBLISHING
ASSOCIATION

Jenison, MI

© 2021 Reformed Free Publishing Association

Todos los derechos reservados

Impreso en los Estados Unidos de América

Ninguna parte de esta publicación puede ser reproducida, almacenada en un sistema de recuperación, o transmitida en cualquier forma o por cualquier medio (electrónico, mecánico, fotocopiado, grabación o de otro tipo) sin el permiso previo por escrito del editor. La única excepción son las citas breves en las reseñas impresas.

Todas las citas bíblicas fueron tomadas de la versión Reina Valera 1960.

Reformed Free Publishing Association
1894 Georgetown Center Drive
Jenison MI 49428
616-457-5970
www.rfpa.org
mail@rfpa.org

Diseño de la cubierta por Luis Leyva
Diseño de interiores por Emma Araceli Sandoval Brito

ISBN: 978-1-944555-85-6
ISBN: 978-1-9444555-86-3 (ebook)
LCCN: 2021934185

Con amor y gratitud, dedico este libro a mi
esposa quien me ayudó en la escritura del libro
(como lo hace en todas las cosas). Junto con
ella, también dedico el libro a los hijos que
el Señor nos ha prestado. Hijos, es nuestra
oración que sus matrimonios glorifiquen a su
Dios y les conceda una alegría santa.
Los queremos mucho.

Contenido

Prefacio

Cuando estaba en la preparatoria trabajé para mi tío instalando Tablaroca. Aunque era bueno estar con mi tío, no era el trabajo favorito de mi juventud. Sin embargo, aprendí algunas lecciones útiles. Hay incluso una que aprendí más tarde pensando en esos días: la paternidad es muy parecida a poner yeso en una pared. Tienes un poco de tiempo para moldear y manipular el material y luego cuando se acabe el tiempo esa oportunidad se va, nunca regresa. Los padres temerosos de Dios se dan cuenta instintivamente del poco tiempo que tienen para instruir "al niño en su camino" y que "cuando fuere viejo no se apartará de él" (Prov. 22:6). Pero ser recordados de este hecho puede animarnos a permanecer celosamente activos en la vida de nuestros hijos. Y tal vez el recordatorio nos prevendrá a ir de prisa en la adoración familiar (devocionales) más a menudo de lo que deberíamos, o ayudará a evitar que nos lo saltemos por completo.

Cumpliendo nuestro llamamiento con nuestros hijos, debemos enseñarles muchas cosas. Debemos enseñarles una doctrina bíblica y un caminar piadoso de la vida. Debemos enseñarles que son miembros del pacto de gracia y que el pacto ocupa toda su existencia.

Reconocemos que toda su vida futura, si Dios bendice nuestras labores, se edifica sobre este fundamento. Tienen muchas decisiones importantes que tomar y oramos para que nuestra instrucción los ayude a decidir sabiamente.

Una de las decisiones más importantes que nuestros hijos harán tiene que ver con quién se casarán. Gran parte de su vida se ve afectada por esta decisión. Y no sólo *su* vida, sino también la vida de sus hijos y nietos. Incluso el futuro de la iglesia se ve afectado por esta decisión.

Dado el hecho de que con quien se casen es un asunto tan serio, es casi increíble que a veces los padres cristianos se demoren en enseñar a sus hijos en este punto hasta que descubren que su hijo ha estado saliendo con alguien. Algunos incluso entonces no enseñan a sus hijos, asumiendo que sus jóvenes han aprendido lo suficiente de otras fuentes. Los niños ciertamente aprenden cosas acerca de con quién deben salir y casarse de otras fuentes, como la iglesia, y, si tenemos el privilegio de tener una, la escuela cristiana. Ellos saben básicamente con qué tipo de persona deben casarse y por qué. Pero, así como es importante enseñar a los jóvenes acerca de la doctrina sana en el hogar, así como en la iglesia y la escuela, también es importante que los *padres,* no sólo la escuela y la iglesia, enseñen a los jóvenes acerca del noviazgo y el matrimonio. De hecho, el entrenamiento del noviazgo y el matrimonio pertenece principalmente a la esfera del hogar. Y es la responsabilidad del hogar enseñar en este punto *antes* de que los niños comiencen a salir con alguien. Queremos que aprendan la doctrina bíblica cuando ellos son jóvenes para que cuando crezcan y sean desafiados puedan mantenerse firmes. ¿No querríamos que aprendieran una visión bíblica del noviazgo y el matrimonio cuando ellos son jóvenes por la misma razón?

Hay una falta de material para ayudar a los padres a hacer esto. No hay una falta de material sobre el noviazgo y el matrimonio en sí, pero hay un vacío de material que ayude a los *padres a enseñar a sus hijos* acerca de este importante tema. De hecho, no pude encontrar nada como esto cuando busqué tal ayuda para mí como padre. Lo siguiente está destinado a ser una guía de este tipo. Escrito en un formato devocional familiar diario, este libro está destinado a ser una *ayuda.* No está destinado a reemplazar la guía paternal ("aquí esta este libro, ve a tu habitación y léelo"). Está destinado a ayudar a *los padres* a dar esa guía, y para alentar a los padres a dar esa guía. Este libro está destinado a una audiencia de séptimo grado (secundaria) en adelante, aunque incluso los niños más pequeños se beneficiarán. Este libro asume que tanto un padre como una madre están en el hogar. Todavía podría ser utilizado por un padre (o madre) soltero con beneficios, pero reconozco que puede ser doloroso para aquellos en esta situación desgarradora.

Cada lectura diaria comienza con un pasaje de las Escrituras para que los padres y los niños lo busquen y lean juntos antes de leer el contenido del devocional. También notará que hay preguntas al final de la lectura de cada día. La intención de estas preguntas es alentar y guiar la discusión familiar que interactúa con el material de las Escrituras y la lectura diaria. Este material podría ser utilizado rentablemente también como guía de estudio bíblico para los jóvenes en la iglesia, pero mi primera esperanza es que los padres lo usen en sus hogares durante la adoración familiar (devocionales). Lo escribí con este uso primero en mente. Está bien si los niños más pequeños están presentes en estos devocionales. Ellos aprenderán más de lo que ustedes creen, y van a decirles si algo sensible a los oídos más jóvenes aparece en el material. Otra opción podría ser usarlo antes de que los niños que están en la edad prevista se vayan a la cama; esto también funcionaría bien.

Reconozco que los jóvenes a la edad para la cual se pretende este devocional pueden ser difíciles de atraer a veces. Y no puedo prometer que esto será una varita mágica. Pero mi oración es que *ayude,* y que ustedes experimenten una buena comunión con sus jóvenes aun cuando les enseñen y entrenen.

¡Recuerden, el yeso se está endureciendo!

Qué es el matrimonio

Día 1: El matrimonio está ordenado por Dios
Leer Génesis 2:18-25

Para saber qué es algo tenemos que saber de dónde viene. Si nunca han visto un Xbox antes, ayudaría saber quién lo hizo, por qué fue hecho, y algo de cómo el fabricante pretendía que funcionara. Así es también con el matrimonio.

Aprendemos estas cosas sobre el matrimonio en Génesis 2. En Génesis 2:24 Dios define el matrimonio (por eso es el versículo más citado sobre el matrimonio en la Biblia). "Por tanto, dejará el hombre a su padre y a su madre, y se unirá a su mujer, y serán una sola carne". Dios llama al matrimonio una unión de una sola carne entre un hombre y una mujer que han dejado a sus padres para aferrarse el uno al otro de por vida. Es una unión de dos para que vivan juntos, críen una familia juntos, si Dios se complace en darles hijos, y "hacer una vida juntos" por el resto de sus días.

Cuando un hombre y una mujer se ponen de pie frente a la iglesia y el ministro los pronuncia marido y mujer, no sienten un rayo de electricidad que los golpea, y no hay un resplandor que los rodea. De hecho, ellos podrían no sentirse diferente en absoluto cuando se termina. Sin embargo, hay un vínculo creado por Dios entre estos dos que no estaba allí antes. No importa cómo sienta el esposo o la esposa acerca del matrimonio por el resto de su vida, ese vínculo ha sido creado por Dios, y permanece hasta que Dios toma a uno en ese matrimonio a su hogar en el cielo.

En la forma de *dejar* a padre y madre y *unirse* al esposo o a la esposa, este vínculo es experimentado. Uniéndose física, emocional, y espiritualmente el uno al otro mientras los dos viven en sus roles ordenados por Dios, la pareja *experimenta* lo que Dios ha puesto allí entre ellos. Es íntimo; es amistad; es comunicación, el compartir una vida en los lazos de paz. Es un trabajo duro porque ambos miembros del matrimonio son pecadores, ¡pero es maravilloso! Esto refleja la vida que Dios tiene dentro de sí mismo como trino, y la vida que Cristo y la iglesia comparten entre sí. Y aunque el pecado lo ha afectado enormemente, por gracia, los cristianos pueden experimentarlo como un glorioso don de Dios.

Dios hizo que el matrimonio fuera esta unión de una sola carne. Y justo como nadie tiene el derecho de decirle a Kevin Bachus (el inventor del Xbox) lo que es y no es un Xbox, tampoco nadie tiene el derecho de decirle a Dios (el creador del matrimonio) lo que el matrimonio es y no es. El matrimonio es la institución de Dios para todas las personas, y en todos los tiempos y en todos los lugares. Dios hizo un vínculo entre tu mamá y *tu* papá hace años. Y un día, si el Señor quiere, lo hará entre tú y un esposo o esposa también.

Preguntas/Puntos de discusión

1. ¿El matrimonio suena emocionante o aterrador o ambos? *[Padres, hablen con sus hijos sobre el buen don del matrimonio en su experiencia personal.]*

2. El matrimonio es la creación *de Dios.* ¿Cómo se rebela el mundo contra Dios *diciéndole* lo que su invención es y no es?

3. ¿Cómo crees que sea unirse a tu cónyuge "física, emocional y espiritualmente"?

Día 2: Dios trae al cónyuge
Leer Génesis 2:18-25 (otra vez)

El versículo 22 dice que Dios "la trajo al hombre." ¡Esto es Dios creando el matrimonio! Es sólo después de esto que Dios llama a la mujer no sólo "una mujer"," o una "ayuda idónea para Adán" pero la *mujer* de Adán (v. 24). Dios realizó la primera ceremonia nupcial, llevando a su hija Eva a un hombre piadoso, Adán, y entregándola a él. Dios todavía hace esto. Como dice la fórmula reformada para el matrimonio, este pasaje es el testimonio de Dios "que El aún como con Su mano trae a cada hombre a su esposa".[1]

Es posible casarse con la "persona equivocada", es decir, casarse con un incrédulo en desobediencia a la palabra de Dios. Si lo haces, nosotros como tus padres podemos ser responsables de eso (junto contigo), y entonces, con este devocional te vamos a enseñar a proteger tu corazón. Pero una vez que un matrimonio es formado, entonces en la soberanía de Dios, incluso si es a la "persona equivocada", es de hecho la "perso-

---

[1] Form for the Confirmation of Marriage Before the Church, in The Confessions and Church Order of the Protestant Reformed Churches [Fórmula para la Confirmación del Matrimonio ante la Iglesia En Las Confesiones y Orden eclesiásticos de las Iglesias Reformadas Protestantes] (Grandville, MI: Protestant Reformed Churches in America, 2005), 305-10.

na correcta", la persona con la que se suponía que te casarías. Dios trae a cada hombre a su esposa. Y Dios hace permanentes incluso las uniones pecaminosas.

¿Cómo trae El a cada hombre su esposa y a cada mujer su marido hoy en día? No de la misma manera que lo hizo con Adán y Eva, por supuesto. Lo hace por su providencia. De la manera en que nos lleva a buscar el tipo correcto de cónyuge, y a medida que aprendemos la enseñanza de su palabra con respecto a lo que es el matrimonio, la meta del matrimonio, que deberíamos buscamos en un cónyuge, principios a seguir en la búsqueda de un cónyuge, peligros que evitar, y ejemplos a seguir —El providencialmente nos lleva a nuestro "Adán" o a nuestra "Eva". Esta la lista anterior es todo lo que discutiremos en los próximos veintinueve días.

El proceso que llevamos a cabo al buscar un cónyuge se llama comúnmente noviazgo. Pero no importa cómo lo llames, noviazgo, cortejo, o algo más, es un proceso del que se habla en Génesis 2:24. Es el proceso de dejar a padre y madre y unirse a una esposa (o esposo). La clave es que aprendamos este proceso de la palabra y no del mundo. Que Dios conceda su gracia al aprender de su palabra en este estudio y que él en el tiempo y por su providencia traigan a una esposa o esposo piadoso de su mano para ustedes.

Preguntas/Puntos de discusión

1. Tal vez tu no has pensado en el noviazgo todavía. Talvez en este momento ni siquiera lo deseas. Sin embargo, ¿por qué es importante aprender lo que dice la palabra de Dios acerca del noviazgo y el matrimonio *antes* de casarse o incluso comenzar a salir con alguien? Tal vez tú *estás* saliendo o deseando salir con alguien. ¿Por qué sigue siendo importante revisar este material ahora?

2. ¿Cómo podemos orar hoy por tu futuro matrimonio? *[Padres, por favor terminen el devocional orando por los futuros cónyuges y matrimonios potenciales de sus hijos].*

Los objetivos del noviazgo y el matrimonio

Día 3: Glorificar a Dios
Leer Efesios 5:22-33

Esta es una nueva sección, el *objetivo* del noviazgo y el matrimonio. Hay cinco de estos objetivos. El primero, sin embargo, es el primero por una razón. Hay una gran tentación de ver el matrimonio (y por lo tanto el noviazgo) como si todo se tratara de ti. No lo es. Es primero acerca de Dios. Fue creado por Dios como un buen regalo para ustedes, esto es seguro. Pero, más que eso, fue creado para su propia gloria. E irónicamente, a menos que lo veamos de esa manera, no tendremos la alegría que viene con el matrimonio. Nuestro beneficio siempre llega a través de "la puerta trasera". Cuando tratamos de hacer que nuestro beneficio llegue a través de la "puerta principal" buscando para nosotros primero, perdemos el beneficio por completo.

Antes de empezar a pensar en lo que quieres en un cónyuge y esperar que la voluntad de Dios se conforme a tus deseos, tus grandes deseos deben de conformarse a su voluntad. ¿Qué busca el hijo de Dios más que la gloria de su Padre? El quiere que su Padre sea honrado, respetado y adorado. Tu padre celestial te ha redimido de la casa del diablo a su propia casa.

Debes ir al noviazgo con el "santificado sea tu nombre" en tu corazón y en tus labios. Y cuando lo hagas de esa manera, entrarás en el matrimonio de la misma manera. ¿Cómo glorifica el matrimonio a Dios? Principalmente, en su exhibición de su relación en Jesucristo con su iglesia. El matrimonio no es lo más importante; Jesús y su iglesia lo son. Tu matrimonio será temporal. El matrimonio terrenal eventualmente dará paso a la realidad eterna del matrimonio de Cristo con su iglesia. El final glorioso es a lo que nuestro matrimonio ahora se supone que debe apuntar.

El matrimonio es un medio para magnificar el vínculo entre Dios y su pueblo. Lo hace el esposo guiando a su esposa en amor como Cristo lo hace. Lo hace también la esposa sometiéndose a su esposo con humildad y devoción, como la iglesia lo hace (imperfectamente). El matrimonio magnifica el vínculo entre Dios y su pueblo cuando el marido y mujer se toman el uno al otro en un amor desinteresado ejemplificado en Cristo y su novia. Es tentador para nosotros los padres olvidarnos de empezar aquí cuando enseñamos sobre el noviazgo y matrimonio. Queremos desesperadamente que te cases con la persona adecuada para *tu beneficio* y el beneficio de nuestros nietos. Pero tenemos que recordar el dirigirte a este punto. Cásate con alguien comprometido a vivir como Cristo y su iglesia, no sólo porque te dará un buen matrimonio, sino porque pondrá en exhibición la gloria de tu amado Dios.

Preguntas/Puntos de discusión:

1. Imagínate que tu cónyuge tuviera un accidente y quedara paralizado. Su apariencia quedaría desfigurada. No podrías hablar con él/ella ni tener hijos. Tu función sería servirle y recibir muy poco beneficio terrenal a cambio. ¿Cuál sería el único motivo para permanecer en ese matrimonio como Dios te llama a hacerlo? ¿Te bendeciría Dios en esta situación también?

2. ¿Puedes pensar en otras formas (además de la representación de Cristo y la iglesia) en que el matrimonio glorifica a Dios?

Día 4: Criar una simiente piadosa
Leer Malaquías 2:11-16

¿Por qué hizo Dios el matrimonio? ¿Y cuál debe ser tu objetivo al perseguirlo? Hemos dado una respuesta hasta ahora, la gloria de Dios. Un segundo objetivo es para que pueda haber «una descendencia para Dios" (v. 15). La profecía de Malaquías aquí es acusación. Amonesta a los cautivos que regresaron por los pecados en el matrimonio y la familia. Un buen número de hombres israelitas estaban abandonando a sus esposas israelitas piadosas por mujeres paganas más jóvenes (vv. 11, 14). El daño que se estaba haciendo a las esposas y a los hijos, dice Dios, es *traición y violencia* emocional y espiritual.

Mientras Dios acusa a los hombres israelitas por su pecado, les recuerda uno de los propósitos principales de darles a sus esposas israelitas piadosas en primer lugar, porque "buscaba una descendencia para Dios". Dios creó el matrimonio para que su pueblo criara a la próxima generación en piedad y fidelidad.

Este fue uno de los propósitos principales para hacer que dos se conviertan en uno en el principio. De hecho, lo primero que Dios menciona a Adán y Eva después de crearlos varón y hembra a su imagen es:

"Fructificad y multiplicaos; llenad la tierra" (Gen. 1:28). La tierra debía ser llenada de costa a costa con hijos e hijas que glorificarían a Dios en sus vidas, usando la tierra para magnificarlo.

Tenemos que considerar esto como parte de nuestro objetivo al casarnos. ¿Puedo criar niños para Dios con esta persona? ¿Puede esta persona criar niños para Dios conmigo? A veces es difícil pensar en eso ya que se ve muy lejos, pero cuando estés en el noviazgo, tus padres vamos a discutir esto contigo abiertamente. ¿Cómo será cuando tengas hijos para criar? Imagínate como madre algún día. Imagínalo a él como padre algún día ¿Estarán unidos en su propósito con sus hijos? ¿Comparten las mismas convicciones sobre cómo será su vida en casa, cuáles serán sus prioridades? ¿Podrán ayudarse mutuamente a crecer como padres?

Dios no da hijos a todo matrimonio, y es doloroso cuando ese es el caso. O a veces hay niños impíos que crecen en hogares piadosos. Si cualquiera de los dos es el caso en su futuro, todavía encontrarán muchas alegrías en sus vidas y oportunidades de servir a Dios que no habían considerado antes. Pero la mayoría de las veces Dios da hijos a una pareja y les da la alegría y las dificultades para criarlos juntos, para

que, bendecidos por él, otra generación se levante fiel
a él en la tierra.

Preguntas/Puntos de discusión:

1. ¿Cómo sería si tu papá y tu mamá tuvieran
convicciones muy diferentes sobre cómo criar
hijos? Algunas hipótesis a considerar podrían
ser: prioridades, metas, entretenimiento, crianza,
disciplina, observancia del día de reposo,
educación, etc.

2. ¿En el pasaje que leemos hoy, hay alguna
conexión entre el odio de Dios al divorcio (v. 16)
y su búsqueda de una semilla piadosa (v. 15)?
¿Cómo afecta eso a lo que buscas en un cónyuge?

Día 5: Promover la salud de la Iglesia
Leer Salmo 128

El futuro de la iglesia estará envuelto en tu matrimonio. Los matrimonios débiles generalmente hacen hogares débiles. Los hogares débiles generalmente hacen una iglesia débil. El Salmo 128 describe un matrimonio divino y un hogar divino. El Salmo comienza diciendo que el que teme al Señor es bendecido. Luego continúa en los versículos 2-4 describiendo esa bendición en la vida familiar del hombre. Y entonces en los versículos 5–6 el Salmo dice que este hombre verá "el bien de Jerusalén [la iglesia] todos los días de [su] vida", y en las generaciones siguientes, "paz sobre Israel". Una de las conexiones aquí es que la familia piadosa de este hombre que teme al Señor, es parte de la manera en que hay bien en Jerusalén.

Esto suena raro al principio, pero uno de los objetivos del matrimonio debe ser el bien de la iglesia, presente y futura. Un matrimonio fuerte, piadoso y unificado es un buen ejemplo para los demás en la iglesia. Un buen matrimonio fuerte a menudo produce buenos y fuertes jóvenes para la iglesia. Un matrimonio fiel significa incluso menos tiempo trabajando en sus propios problemas matrimoniales para que haya más tiempo para que la pareja y la familia sirvan juntos a los demás dentro y fuera de la iglesia. Pero aquí también hay una relación recíproca. El versículo 5 también dice que el hombre que teme al Señor *es bendecido* desde *Sion*. Es decir, su matrimonio y su familia reciben bendición de su vida en la iglesia. Esto también es cierto. Hay ejemplos de otros matrimonios piadosos a tu alrededor para ayudar cuando el tuyo es difícil. El seguimiento personal, la amistad, la comunión, la palabra predicada y estudiada, todo ello ayudará a tu matrimonio y familia. Vive tu vida en la iglesia y tu matrimonio será fortalecido por ella.

Entonces, cásate con esta meta en mente: que vivas en la iglesia con tu cónyuge y familia, para que la iglesia te bendiga, y para que tú y tu matrimonio e hijos puedan bendecir a la iglesia.

Preguntas/Puntos de discusión:

1. Tal vez tu estás pensando, "¡En serio! Se supone que el noviazgo y el matrimonio tiene que ver con los sentimientos y el romance, ¿verdad? ¿No es un poco híper-espiritual estar pensando en la iglesia (especialmente en generaciones a

partir de ahora) en el noviazgo y el matrimonio?"
Pero, ¿Por qué debería ser tan importante para
nosotros la salud de la iglesia cuando estamos en
el noviazgo y el matrimonio?

2. ¿De qué manera es el vivir a la manera de
"Sion" es una bendición para nuestra familia?

Día 6: Proveer para la seguridad de la mujer
Leer Rut 3:1-2

No es el caso de que una persona nunca piensa en sí misma al considerar el noviazgo y casarse. ¡Absolutamente no! El matrimonio es un buen don de Dios para su pueblo, y uno de los objetivos del matrimonio es buscar con espíritu de oración este buen don para uno mismo. Maravillosamente, sin embargo, si uno está buscando las tres primeras metas que ya hemos estudiado (la gloria de Dios, una simiente piadosa y el bienestar de la iglesia) entonces generalmente uno será bendecido con lo que uno necesita y disfruta del matrimonio. Para una mujer, eso es especialmente la *seguridad* que discutiremos hoy. Para un hombre es especialmente el *respeto* que discutiremos mañana.

Conoces la historia de Ruth. Vamos a volver a esta historia al final de este devocional, pero por ahora, recuerden que ella era una moabita conversa que regresó con Noemí a la tierra prometida y al pueblo del pacto de Dios. Noemí estaba envejeciendo, y Ruth no se estaba haciendo más joven. Noemí podría haber asumido que Rut cuidaría de ella el resto de su vida, pero sabía que lo mejor para Rut sería que Rut se casara. En Rut 3:1 Noemí describe el beneficio que busca para

Rut en el matrimonio: "Hija mía, ¿no he de buscar hogar para ti?" La palabra "hogar" también podría traducirse, "paz", "descanso", "bienestar", "alegría", pero, sobre todo, *"seguridad"*. Noemí quería que Rut tuviera el "hogar" de "seguridad" que un matrimonio piadoso puede traer. Una mujer necesita seguridad, y cuando la tiene, prospera.

Esa seguridad es triple. Primero, hay seguridad *física*. Un hombre piadoso proveerá lo que su esposa y su familia necesitan físicamente lo mejor que pueda. Hay una sensación de estar asentada, en paz, segura en la provisión de un marido fiel que es importante para una mujer. Segundo, hay seguridad *emocional*. Una mujer encuentra seguridad emocional en el amor de su marido. Ella no se preocupa de que haya otros amores en su vida, pero en cambio puede descansar en el conocimiento de que él está comprometido con ella. Ella no tiene que llevar las cargas de la vida sola, ella esta emocionalmente protegida y cuidada por su marido piadoso. Tercero, un matrimonio temeroso de Dios proporciona seguridad *espiritual* a una mujer de Dios. Hay un "descanso" en el conocimiento de que su esposo la guiará a los caminos de Dios también con la ayuda de ella. Hay una seguridad que se encuentra en la confianza de que el guiará a la familia en el temor del Señor tanto en la doctrina como en vida. Hay una paz al estar seguro de que crecerá en la fuerza y el conocimiento de Jehová para aplicar la palabra de Dios a ella y a los hijos y a su vida juntos como familia.

Noemí buscó esto para Rut. Como sus padres, deseamos esto para nuestras hijas y buscamos enseñar a nuestros hijos para que provean para una mujer algún día. No es egoísta el querer esto para ti mismo, y no es egoísta que tus padres lo busquen para ti. Dios dice que este es uno de los propósitos del matrimonio. Somos tus padres, y amamos a nuestra hija como Noemí amó a Ruth. ¿Cómo no podríamos buscar un hogar para ti?

Preguntas/Puntos de discusión:

1. Algunas personas enseñan que un matrimonio bíblico no es seguridad, sino una prisión para una mujer. Hay matrimonios que *son* prisiones para una mujer. Pero, ¿puedes explicar por qué muchos piensan que incluso un matrimonio *bíblico* es una prisión y por qué están equivocados?

2. *[Para las hijas]* ¿De qué manera ven la necesidad de esta triple seguridad en un matrimonio piadoso algún día?

3. Dar ejemplos específicos de cómo un hombre, antes del matrimonio, demuestra que será capaz de proporcionar seguridad física, emocional y espiritual.

Día 7: Fomentar el servicio confiable del hombre
Leer Efesios 5:23-33

Ya leímos este pasaje en el día tres, y lo leeremos de nuevo más tarde. Efesios 5 es la gran parte de las Escrituras sobre el matrimonio y el llamado de un esposo y una esposa. Curiosamente, en este pasaje, cuando el apóstol habla del llamado de la esposa, nunca dice que ella debe amar a su marido. Lo que hace que esto sea más llamativo es que el apóstol *llama* repetidamente al *esposo* a amar a su esposa. Mientras que una esposa también debe amar a su marido, eso no es lo principal en lo que el apóstol se centra cuando habla de la relación de la esposa con su esposo. En su lugar, se centra en "reverencia", es decir, *respeto,* o *"honor"*. El versículo 33 dice: "Por lo demás, cada uno de vosotros ame también a su mujer como a sí mismo; y la mujer respete a su marido". Un hombre necesita respeto u honor de su esposa.

Respetar u honrar a alguien es reconocer la posición de la persona dada por Dios. El respeto incluye mostrar gratitud, sumisión y fidelidad a alguien. El respeto tomará la palabra y el juicio de alguien de manera preponderante. Idealmente entonces, el respeto incluye tener a la persona en alto. Lo opuesto al respeto sería un comportamiento que no es caritativo hacia alguien o que busca socavar su posición, yendo contra ellos, ya sea sin rodeos o sutilmente.

Un hombre debe ser *respetable,* por supuesto. Pero un hombre no puede cumplir muy bien sus llamados si su esposa no lo respeta, aunque pecador como sea. Cuando un hombre sabe que su esposa lo respeta, lo honra y lo aprecia a pesar de sus pecados y defectos, ese hombre es estimulado para ser el líder en su hogar. Va a trabajar con confianza y alegría. Trabaja en la iglesia con un apoyo que es alentador. Es una gran responsabilidad ser jefe de un hogar, proporcionar seguridad para una esposa y una familia. El hombre que sabe que su esposa lo respeta por sus esfuerzos es estimulado a más crecimiento y fidelidad. Sin esto, el hombre languidece. Está tentado a rendirse. No encuentra gozo en sus llamados. Hijo, no es egoísta tratar de casarse con una mujer que te respeta. Dios mismo dice que este es uno de sus propósitos para el matrimonio.

¿Ves cómo Dios hizo que la relación matrimonial encajara? Una mujer necesita amor y seguridad, y cuando su marido da estos, ella tiene un fuerte respeto por él. Del mismo modo, cuando una mujer tiene un fuerte respeto por su esposo, él es impulsado a amarla y protegerla física, emocional y espiritualmente. Imagínenlo como una bicicleta. Empujas hacia abajo en un pedal y el otro sube— empuja el otro y aparece el anterior. ¡El diseño de Dios es maravilloso!

Preguntas/Puntos de discusión:

1. *[Para los hijos]* ¿De qué manera ves que tener este tipo de respeto de tu esposa algún día te ayudaría con tus llamados? Por el contrario, ¿cómo casarte con una mujer que no te respeta te haría miserable?

2. ¿Qué tipo de hombre es *respetable*?

3. ¿Cuáles son algunas maneras específicas en que una mujer, antes del matrimonio, demuestra que respetará y honrará a su marido?

A quién buscar y quién ser

Día 8: Temor filial
Leer Salmos 19:14

Esta nueva sección trata sobre a quién buscar y quiénes ser mientras buscas el tipo de matrimonio que Dios creó, y mientras buscas las metas para el matrimonio que hemos descrito. Primero, debes buscar a un cristiano(a), porque eres cristiano(a). Los cánones de Dordt en el primer encabezado de doctrina, artículo 12 describe los frutos de la elección en un hijo de Dios. Uno de esos frutos es el "temor filial". Filial significa infantil. El temor significa asombro y reverencia. Pero cuando ponemos filial junto con temor algo maravilloso se añade al temor. Todavía significa asombro y reverencia, pero se mezcla con un amor profundo que le da a uno un deseo de complacer. Esta es la actitud de corazón que se encuentra en el salmista al final del Salmo 19: *"Sean gratos los dichos de mi boca y la meditación de mi corazón delante de ti, Oh Jehová, roca mía, y redentor mío"*. Aquí hay una petición que, si realmente se ora, sólo viene de un hijo de Dios.

Desde las palabras de tu boca, hasta las cosas en las que pasas el tiempo pensando, hasta las obras de tus manos, ¿no quieres complacerlo ("Sean gratos…

delante de ti")? Sabemos que tú, y nosotros también, no actuamos de acuerdo a lo que deseamos. ¡Pero estamos creciendo! Vivimos cada momento ante su rostro. Él ve todos nuestros pensamientos, acciones y palabras ("delante de ti"). La búsqueda egoísta mancha todo lo que ponemos en nuestra mente, boca y acciones. Sin embargo, él ve la batalla en la que estamos luchando contra nuestro viejo hombre, y él mismo es el origen de ella. Y al luchar esa batalla por amor y respeto por él, el hijo de Dios en Cristo puede y complace a su Padre, caminando en sus caminos (Sal.147:11; 1 Tes. 4:1, etc.).

¿Quién es nuestro Padre Celestial para extraer ese grito de Sus hijos como se encuentra en Salmos 19:14? ¡Él es un Padre tan grande, tan bueno y tan fiel a sus hijos! Él es el Padre que nos ha adoptado en su propia familia y sacado de la familia del maligno, y lo ha hecho sin la ayuda de nadie, ciertamente no de sus hijos. Es un Padre que provee, que mantiene su Palabra, que nunca cesa de su compromiso de amor y protección. Da un futuro y una esperanza a sus hijos que es inquebrantable y verdaderamente bueno. El es el SEÑOR, Jehová, el Padre que en el amor del pacto hace que su vida fluya dentro y a través de sus hijos como cualquier buen padre debería.

Un tipo de corazón que ora la oración del Salmo 19:14 es lo que debes buscar primero, y estamos orando para que este tipo de corazón este desarrollándose en ti por el bien de tu cónyuge. Es por eso que nosotros como tus padres hemos estructurado tu vida de la manera que lo hemos hecho. Llena de instrucción bíblica, iglesia, escuela y una vida familiar centrada en la palabra. Queremos que crezcas como un niño que sabe en verdad, ama y quiere complacer a nuestro Padre en gratitud por su gracia redentora.

Sin idealismo, por supuesto. Esto siempre es un pequeño comienzo de la nueva obediencia. Y queda aún en el mejor de todos nosotros la gran enfermedad del amor propio con el que luchamos toda nuestra vida. Ese será tu cónyuge, y serás tú también. Pero, al ver el pecado por lo que es, y ser humillado por él, refugiándose continuamente en la sangre, la muerte y la obediencia de nuestro Señor Jesucristo, tú y tu cónyuge deben ser personas que puedan decir juntos: "En cada aspecto de nuestra vida, queremos complacer a nuestro Padre". En este caso, "hermanos" y "hermanas" pueden casarse.

Preguntas/Puntos de discusión:

1. Busca los dos versículos a los que se hace referencia en el devocional de hoy acerca de complacer a Dios (Sal. 147:11; 1 Tes. 4:1). ¿Quieres complacer a Dios? ¿por qué? ¿Cómo pueden los pecadores complacer a Dios?

2. ¿De qué manera encontraríamos evidencia de que alguien con quien quieres salir quiere complacer a Dios? ¿Qué tipo de preguntas haremos tú y yo y qué observaremos?

Día 9: Un hombre sometido al rey Jesús
Leer 1 Corintios 11:3

Por los próximos cuatro días vamos a responder a la cuestión a quien debes *buscar* (si eres una *joven* que busca un *joven* piadoso); y que debes de *ser* (si eres un *joven* que busca ser un marido piadoso para una *joven* piadosa algún día). Invertiremos los papeles en los próximos cuatro días después de esto.

Si algún día vas a buscar a un hombre piadoso como esposo, hija, vas a estar buscando a un hombre dispuesto a ser muy diferente de los hombres del mundo. Si algún día vas a ser un hombre piadoso para una esposa, hijo, debes estar madurando en un hombre muy diferente de los hombres del mundo. El corazón de esta diferencia estará en el reconocer de un hombre de que él está bajo la cabeza del Rey Jesús.

Dios es la cabeza de Cristo —en su humanidad Cristo se somete a Dios—. Cristo es la cabeza de su iglesia y por lo tanto es la cabeza sobre cada hombre en su iglesia. Del mismo modo, el marido es la cabeza de su esposa, "Y la cabeza de la mujer es el hombre". Por cierto, Cristo también es la cabeza sobre cada mujer de su iglesia. Y toda mujer debe desobedecer a su marido si él la lleva a ir contra su primera cabeza, Cristo. Pero en la disposición de Dios de las cosas, aunque el hombre y la mujer son igualmente apreciados portadores de la imagen ante Dios, el esposo es la cabeza de su esposa en el hogar.

Esto significa autoridad real. Pero autoridad, bajo autoridad. El gobierno del marido sobre su esposa y su hogar está constantemente bajo vigilancia. Él debe afirmar el gobierno *de Cristo* sobre su hogar y a la manera de *Cristo.* ¡Qué responsabilidad! ¡*Dios* pone este peso sobre él, y lo requerirá de él!

¡Pero piensa en la esposa también! ¡Qué gran cosa para una mujer, casarse con un hombre y someterse a su autoridad! ¡Qué riesgo! ¡Ella jura un voto de estar sujeta a la autoridad de su marido hasta la muerte! Ella no puede hacerlo a menos que esté tan segura como puede estar en esta vida de que este hombre vivirá en su papel como su cabeza y la cabeza de sus hijos, con un ojo siempre sobre su propia cabeza Jesucristo.

Hay dos tentaciones a las que se enfrentan los hombres cuando se convierten en la cabeza de su hogar. Por lo general, un hombre es tentado por una u otra, aunque algunos son tentados por ambas de diferentes maneras. La primera tentación es convertirse en un dictador con la posición como cabeza. El otro es ser perezoso, dejando el puesto a su esposa. La única defensa es espiritual, y esta defiende de ambas tentaciones. Leemos en 1 Corintios 11:3, "Cristo es la cabeza de todo varón". El hombre que vive ante el rostro de Cristo, no puede sino trabajar en contra de su naturaleza perezosa para tomar la posición que Cristo le da, lo mejor de lo que es capaz. El hombre que vive ante el rostro de Cristo, luchará contra su viejo hombre para que use su posición por el bienestar de su familia y no para fines egoístas. Hija ¡busca a un hombre que, en doctrina y vida, siga a Cristo! ¡Oh Señor, haz crecer a nuestro hijo para ser tal hombre!

Preguntas/Puntos de discusión:

1. ¿Cómo puedes saber si un hombre vive a diario bajo la cabeza del rey Jesús?

2. ¿Cómo revela esto el respeto de un joven por sus padres y/o los oficiales de la iglesia?

3. *[Para los hijos]* ¿Cómo intenta el mundo hacer que te rebeles contra tu cabeza? ¿De qué manera eres tentado?

Día 10: Un hombre que se sacrificará por su esposa
Leer Efesios 5:22-27

Ya sé, es la tercera vez que leemos esto. ¡Vas a tener este pasaje memorizado para cuando terminemos! Pero cuanto más leemos algo, notamos más cosas en lo que leemos. Mira *dónde* se encuentra Efesios 5:25 en el capítulo. Es justo *después* del llamado de la autoridad en los versículos 23-24. El Espíritu está diciendo por esta disposición de versículos, "¡Toma tu autoridad, pero recuerda usarla en amor por tu novia!" El versículo 25 también está justo *antes* del llamado a buscar la santidad de la esposa en los versículos 26-27. El Espíritu está diciendo: "Este es el enfoque que tomas para hacerla crecer en santidad, ponlo en el contexto del amor sacrificial por ella".

Así que el llamado no es por un amor sacrificial por ella totalmente separado de preocuparse por su crecimiento en piedad. Tampoco es un llamado a preocuparse por su crecimiento en piedad de una manera distante, fría. Es más bien "Maridos, *amad* a vuestras *mujeres*, así como Cristo amó a la iglesia, y se entregó a sí mismo por ella, *para* santificarla, habiéndola purificado en el lavamiento del agua por la palabra, *a fin de* presentársela a sí mismo, una iglesia gloriosa, que no tuviese mancha ni arruga ni cosa semejante, sino que fuese santa y sin mancha" (vv. 25–27, énfasis en cursivas es mío). El amor sacrificial de un esposo es, en términos generales ¡un poder que el Espíritu usa para la santidad de una esposa! Ella conoce mejor el amor sacrificial de Cristo, habiéndolo conocido de su esposo. Ella es impulsada hacia la santidad por este amor.

Desde un punto de vista bíblico, la prueba del amor es una voluntad de darse a uno mismo por el bien del otro. Así es como Dios mostró su amor. Darse a uno mismo es una prueba de fuego del amor en todas las relaciones, y mucho más en el matrimonio. Las emociones fuertes hacen que sea más fácil entregarse uno mismo por otro, (¡lo cual no es algo malo, por supuesto!) pero la verdadera prueba llega cuando las emociones no son tan fuertes. Es por eso que el consejo ha sido a menudo, "hija(s), no mires tanto cómo *te* trata, sino cómo trata a su(s) hermana(s) y a su madre y a sus amigos que lo conocen desde hace mucho tiempo. Allí verás cómo el ama a largo plazo".

Hijo(s), ¿quieres llegar a ser un marido piadoso de una esposa piadosa algún día? Entonces ama a tu(s) hermana(s), a tu madre y a tus amigos, con cuidado sacrificial. Ayúdalos a crecer en piedad, dales un buen ejemplo y haz que ellos quieran seguirlo por la forma en que estás dispuesto a entregarte desinteresadamente por su bienestar.

Y hazlo porque Cristo ha hecho precisamente eso, y está haciendo precisamente eso, por ti. Se entregó a si mismo por ti primero, antes de llamarte a santidad. El se entrega por ti ahora, intercediendo por ti y abogando por ti todos los días, incluso mientras el te llame a santidad. Se dio y se entregó, *para que* seamos santificados y purificados.

Preguntas/Puntos de discusión:

1. *[Para los hijos]* Si quisieras salir con una chica y ella se pregunta: "¿Como trata a su(s) hermana(s) y a su madre?" ¿cuál sería su respuesta?

2. ¿A qué se parece cuando un hombre se entrega sacrificialmente por una mujer?

Día 11: Un hombre que sustenta la piedad
Leer Efesios 5: 25-30

Recuerda que estamos pensando acerca del tipo de joven que una *joven* debe *buscar,* y qué tipo de joven un *joven* debe esforzarse para *ser.*

La meta de la autoridad de un esposo y el amor por su esposa e hijos es la misma que la meta de Cristo con su autoridad y amor por su iglesia. En Efesios 5:26 leemos: *"para santificarla, habiéndola purificado en el lavamiento del agua por la palabra":* El objetivo final de un marido en su rol de autoridad es la santidad de su familia. En el versículo 29, a esta parte de su liderazgo y amor se llama sustentar y cuidar.

Sustentar significa "velar por el crecimiento de algo con mucho cuidado". Cuidar significa "cuidar con ternura". Ambas palabras traen a la mente la imagen de un jardinero y sus flores. El las sustenta y las cuida tiernamente para que se desarrollen, crezcan, y florezcan. No puede ser rudo con ellas o se rompen y se quiebran. Tampoco puede ser descuidado, o se marchitan. Tiene que darles lo que se necesita regularmente: nutrientes, agua, sol. Con cuidado y prudencia, tiene que arrancar las hierbas y podar las ramas. Al hacer eso, la flor madura y florece para que todos la vean.

También el marido y padre. Su amor por su familia es que el alimenta y cuida de su esposa e hijos a una piedad floreciente. No puede ser demasiado duro con ellos o se rompen emocionalmente. Él debe dar lo que se necesita para la mente, el cuerpo y el alma. Da la comida de ánimo e instrucción desde la palabra. Da el agua del tiempo bien invertido y el sol de su ejemplo. Arranca las hierbas del pecado y poda con cuidado los patrones impíos. Él sabe cuándo se necesita una reprensión, y la da con cuidado. Él sabe cuándo animo es necesario, y lo da libremente. bajo su sustento y cuidado tierno, la esposa y los hijos, por gracia, florecen con espiritualidad y una humilde confianza nacida de su seguridad de que son redimidos por el rey Jesús.

Hija, este es un "arte" espiritual que necesita estar allí en forma de brote en el hombre con el que te cases. Hijo, este es un arte espiritual que necesita estar allí en forma de brote en ti por el bien de la mujer con la que te cases.

Preguntas/Puntos de discusión:

1. *[Para los hijos]* Como un marido, ¿crees que estarías más tentado a ser rudo, o más

tentado a ser pasivo, demasiado vacilante para "podar" a tu familia?

2. *[Para las hijas]* ¿Por qué es importante que tu marido sea capaz de, primero, cuidar suavemente de ti, y segundo, sabiamente defenderte si es necesario?

Día 12: Un hombre de la Palabra
Leer Efesios 5:26-27

Para que un hombre guíe a su esposa y a su hogar en piedad, debe estar creciendo como un hombre de la palabra. Cristo busca la piedad de su novia por medio de la palabra. Efesios 5:26 nos dice: "para santificarla, habiéndola purificado en el lavamiento del agua por la *palabra*" (cursiva agregada). La palabra no sólo declara al pueblo de Dios que ellos no son culpables de su pecado, sino que también es una cubeta con agua de jabón en las manos del Espíritu para limpiarlos de ese pecado.

Un marido debe tomar la palabra en su casa. él mismo es parte de la novia que Cristo lava con la palabra. Él se está haciendo santo a medida que la palabra lo conforma a la imagen de Cristo. Como alguien que se ha beneficiado de la palabra, él usa la palabra en su hogar. Como Cristo realmente *sirve a* su novia tomando la palabra y limpiándola con ella, así también un esposo piadoso debe servir *a* su esposa y familia.

Eso sin duda significa llevar a su familia a una iglesia fiel y verdadera para que ella venga bajo el lavamiento de la palabra en la proclamación de la misma. Así como los padres israelitas guiaron a sus familias de regreso de Babilonia y a los medios de gracia fieles, así un esposo y padre piadoso conducirá su hogar a los medios de gracia en la iglesia. (Esdras 2 enumera los repatriados por familias bajo el nombre de los *padres*). El fiel esposo y padre le dice a su familia: "¡A la casa de Jehová iremos!" (Sal. 122:1). Si es infiel en la búsqueda de los medios de gracia, él no puede dirigir fielmente a una esposa y a una familia.

Un marido piadoso estudiará la palabra él mismo. La estudiará en la Biblia, en discusiones en grupos pequeños y en su propia vida devocional personal. Lo hará no sólo para sí mismo, sino también por el bien de poder servir a su familia con la palabra; para que pueda aplicar la palabra a su esposa e hijos y dirigir su hogar con piedad. Hay momentos en que la esposa es más *capaz* espiritualmente que el marido, y eso está bien. Pero nunca debería ser el caso de que un hombre se siente y diga: "Ella es la espiritual, no yo. Yo solo voy a traer el dinero a casa; ella se encargará del resto". Hija, no te cases con un hombre así. Hijo, no te conviertas en ese hombre.

Preguntas/Puntos de discusión:

1. Después de salir de la preparatoria, hay una gran disminución de personas sirviéndote la palabra. Tú te vuelves más responsable de ingerir la palabra por ti mismo. ¿Cómo podemos prepararnos para eso ahora?

2. *[Padres, tal vez podrían aprovechar esta oportunidad para compartir con su(s) hijo(s) los desafíos que han enfrentado al aprender a guiar a su propia familia con la palabra].*

3. A partir de una revisión de los días 9-12, ¿qué significa "ser un hombre", y cómo es eso diferente de lo que el mundo llama, "ser un hombre"?

Día 13: Una mujer con un corazón sometido

Leer Efesios 5:22-24 (ahora desde la otra perspectiva)

Durante los próximos cuatro días estaremos meditando en el tipo de mujer que el *joven* debe *buscar,* y qué tipo de mujer *la joven* debe esforzarse para *ser.*

Jovencitas, si van a ser una esposa piadosa para un hombre piadoso algún día, van a tener que ser diferentes de la mayoría de las mujeres en nuestra cultura. Chicos, si van a ser un hombre que busca una esposa piadosa, van a buscar una mujer que sea diferente de la mayoría de las mujeres en nuestra cultura. Esa diferencia comenzará en el corazón de una mujer y surge de ahí. En su corazón y en su vida, ella estará creciendo en, y deseando estar creciendo en, *sumisión.*

Oh no. La palabra "s". ¡Sabías que vendría! Pero en realidad ya había llegado antes. Fue utilizada para el hombre piadoso en el día 9 quien está llamado a *someterse* al rey Jesús en su papel de autoridad. *Todos* estamos llamados a someternos. Es sólo una cuestión de cuándo, dónde y cómo. La diferencia es que el *papel* de una esposa en su matrimonio se cumple en sumisión a su esposo (Ef. 5: 22, 24; Col. 3:18; Tito 2:4; 1 Pe. 3:1).

El llamado de las Escrituras aquí es a tres cosas. En primer lugar, es un llamado a una actitud humilde del corazón. La misma palabra que las Escrituras usan para sumisión en Efesios 5 indica una disposición del corazón. Por lo tanto, la sumisión a un esposo comienza con la sumisión a Dios en Cristo. Si Cristo dice, "sométete a tu marido", la joven está deseando someterse a su marido como al Señor, sabiendo que es bueno, correcto, y lo mejor para ella, porque confía en su Cristo. Este tipo de corazón permite la sumisión en *actitud* incluso cuando un marido está equivocado y ella debe decir algo como su esposa (¡lo cual ella debe hacer!). "Yo sé que tú eres mi esposo y respeto tu posición dada por Dios. Si esta sigue siendo tu posición después de hablar, yo voy a seguirla. No es pecado, y soy tu esposa y estoy bajo tu autoridad. Pero no creo que esto sea sabio y quiero ayudarte. Creo que tengo una perspectiva sobre esto que podría cambiar tu enfoque".

En segundo lugar, el llamado a la sumisión es realmente un llamado a la obediencia sin excusas (Tito 2:4). ¿No *obedece* la iglesia a Cristo su cabeza? Así también debe hacerlo una esposa temerosa de Dios en todo lo lícito. Si su esposo abusa de ese llamado de Dios sobre su vida, ella va a los ancianos de la iglesia —¡Ella corre allí! — sin ningún ápice de culpa. Pero

Dios llama a una esposa a obedecer a su esposo.

Tercero, el llamado a la sumisión es un llamado para que una esposa use todos sus dones, habilidades, sabiduría y creatividad, para mantener a su esposo en alto, para ayudarlo a ser honorable en los llamamientos que Dios le ha dado. La iglesia busca magnificar a Cristo. Una esposa busca magnificar a su esposo, especialmente ayudándolo a ser el hombre que está llamado a ser en la iglesia, el hogar y la sociedad. Ella sabe que tiene dones, habilidades, inteligencia, tal vez incluso una perspectiva diferente a la de él. Ella puede ofrecer una corrección a las debilidades de él. Ella puede ofrecer sugerencias en dónde él es ciego. Su corazón confía en ella. El debería ser capaz de llevar a cabo sus llamados ante Dios cincuenta veces mejor debido al buen don que su esposa es para él. Entre las otras cosas que una esposa puede y hace, ella debe encontrar su mayor satisfacción en esto.

Hija, que Dios te convierta en este tipo de mujer. Hijo, busca a una mujer así, y que Dios te dé el don para encontrarla.

Preguntas/Puntos de discusión:

1. ¿De qué manera el llamamiento de Cristo

de someterse a un esposo sería bueno para una esposa cristiana?

2. ¿Cómo puede una joven crecer en esta sumisión antes de casarse?

3. [Para los hijos] Dada la meditación de hoy, ¿por qué sería bueno conocer a la madre de tu novia?

Día 14: Una mujer que tiene los objetivos de Dios para su vida familiar
Leer Tito 2:4-5

Una mujer piadosa estará "nadando río arriba" con respecto a los objetivos de su vida, especialmente en el deseo de ser una mujer "cuidadosa de su casa".

Ordenado correctamente, el hogar cristiano es una probadita del cielo. En salmo 23 David llama al cielo la "casa de la Jehová". El Señor habló del cielo como una casa donde "muchas moradas hay" (Juan 14:2). La casa en la que vivimos debería ser una pequeña muestra de la casa del Padre. William Cowper dijo una vez: "¡Felicidad doméstica! ¡Tú, la única dicha del Paraíso que ha sobrevivido a la caída!"[2] no es *totalmente* cierto. Él se estaba olvidando de la iglesia. Sin embargo, el hogar cristiano es uno de los pocos lugares que existen donde es conocido el refugio celestial del camino del mundo.

Para ser tal, el hogar cristiano debe ser un lugar de refugio de la pecaminosidad de la época, un lugar donde uno pueda cerrar la puerta al mundo y encontrar la paz de la vida de pacto de Dios. El hogar cristiano

---

[a] Citado en B. M. Palmer y J. W. Alexander, The Family [la Familia] (Harrisonburg, VA: Sprinkle Publications, 1981) 179.

debe ser un lugar donde las dificultades de la vida son descargadas en conversaciones y luego subidas en oración. El hogar cristiano es un lugar donde en alabanzas cantadas, oraciones oradas, disciplina administrada, y animo dado, crecemos juntos en Cristo. Un hogar cristiano debe ser un lugar de comunión, donde el aroma del cuidado de Cristo Jesús se extiende a cada rincón. ¡Esto es realmente una probadita de cielo en este mundo!

¡La esposa y madre temerosa de Dios es la que cuida de este lugar! La palabra "cuidadosa" significa vigía, centinela, guardián, protector. Ella es la reina de la familia, y el hogar es su castillo. Ella trabaja incansablemente para convertir una casa en un hogar y mantenerla de esa manera. Esto nunca es el cielo, sino siempre es solo una *probadita* de este allí. Pero bajo la realeza de su marido esta es su vocación y su vida. ¡Qué vocación tan alta y noble es ser una ama de casa! ¡Un hogar no es automático, ella hace un hogar! Esto no es un trabajo para los débiles y frágiles. ¿Se atreverían a buscar crear un lugar que refleje al cielo mismo en la tierra? Esto requiere una enorme cantidad de sabiduría, inteligencia, habilidad, gracia, piedad y trabajo duro. Sobre todo, se requiere el compromiso de todo corazón de una mujer temerosa de Dios para amar a su Dios, a su esposo y a sus hijos por la gracia que se le ha mostrado (versículo 4). Y como el amor es un poder sobrenatural, se necesita el cielo en ella para hacerlo.

Jovencitas, va en contra de ustedes mismas dar su vida por esto. Seguramente iba en contra de las vidas de las mujeres de la época de Pablo y Tito también. Pablo habla de hombres "que trastornan casas enteras, enseñando por ganancia deshonesta lo que no conviene". (Tito1:11). En un mundo de hogares trastornados y de cabeza, que Dios les dé la alegría de mantener uno bien hecho y derecho.

Preguntas/Puntos de discusión

1.¿Nombrar y explicar cosas específicas que hace una mujer temerosa de Dios para hacer de su hogar una probadita de cielo?

2. ¿Cómo usa Satanás el mundo para hacer que esa meta parezca inútil? ¿Cómo hace que parezca que este objetivo es sólo para una mujer ingenua, simple y chapada a la antigua?

Día 15: Una mujer que no es rencillosa
Leer Proverbios 21:9

Recuerden que estamos estudiando a quien buscar y quién ser, ahora desde la perspectiva de qué tipo de mujer buscar y qué clase de mujer por gracia esforzarse a ser. No busques, y que Dios te impida convertirte en una mujer que es rencillosa. Una mujer rencillosa es una mujer que siempre despierta conflictos y contiendas con su marido. Ella es muy rápida con una palabra aguda, lista para decir algo para meterse bajo la piel de su marido, para golpearlo, para humillarlo, para encontrar culpa. Ella es rápida para empezar una discusión. El llega a casa del trabajo y ella ha estado albergando algo de esa mañana, pensando sobre eso todo el día. Ahora, ella lo libera sobre él y no se detiene. Ella regaña y regaña. Proverbios 19:13 habla de ella como un escurrir continuo, o goteo, de lluvia. Hay una forma de tortura en la que un goteo regular de agua que cae sobre la cabeza de una víctima atada vuelve loca a la persona. Así también un hombre atrapado en un matrimonio con una mujer rencillosa de quien no puede (no debería) escapar. Está sujeto a una tortura del alma.

Aunque el hombre no puede escapar, hace todo lo posible para evitar a su esposa, al menos cuando ella está en su peor momento. Él renuncia al resto de su amplia casa para vivir en una esquina en la azotea, donde incluso el mal tiempo es preferible a estar cerca de ella. Y, aunque no puede y no debe, el piensa en lo mucho mejor que sería vivir solo en el desierto, que con ella (Prov. 21:19). Hay una "escala" de mujeres rencillosas, desde la mujer que de vez en cuando regaña hasta el ejemplo extremo dado en Proverbios. Sin embargo, hay hombres para los que incluso este ejemplo extremo es demasiado real.

A veces es culpa del hombre, o al menos en parte. Él falla tan obvia, voluntaria e impenitentemente en su papel como marido que lleva a su lastimada esposa a la amargura (en cuyo caso ella debe llevarlo a los ancianos en lugar de peleas). Pero también hay casos, donde la mujer tuvo la rencilla como ejemplo en su madre, y otros casos donde en el fondo una mujer alberga un deseo de estar con un novio anterior quien ella quería que no se hubiera ido. Al final, sin embargo, hay un deseo de control en todos los casos, y falta de voluntad para estar contenta con la decisión de Dios.

Esta mujer es lo opuesto a todo lo discutido hasta ahora. Ella no tiene un corazón sumiso. Ella no tiene como su objetivo el proporcionar un hogar que sea una probadita de cielo, o hace mucho tiempo que ha renunciado a la idea. Aquella que debería ser "una corona para su marido", se convierte en su lugar, en "carcoma en sus huesos" (Prov. 12:4). Ella es hueso de su hueso y carne de su carne, pero su contribución lo pudre a él desde el interior. Algunos hombres, por sus búsquedas pecaminosas de lujuria en los años jóvenes terminan "atrapados" en esta situación para el resto de sus vidas.

Busca el camino de Dios y su camino solamente. Si terminas en esta situación, llevar a la esposa a los ancianos, junto con un amor sacrificial aún más ferviente, es el camino a seguir.

Que ninguna hija de esta casa acabe convirtiéndose en esta mujer. Un corazón humilde que conoce el pecado y la gracia, y camina ante el rostro de Jehová en servicio contento a él lo impedirá. Como un girasol se orienta cada momento del día hacia el sol, así la mujer contenta se orienta a la voluntad de Dios para su vida y vive como él la llama a vivir.

Preguntas/Puntos de discusión:

1. ¿Crees que nosotros (como la novia de Cristo) somos siempre una esposa rencillosa para Cristo? ¡Piensa en nuestro quejar!

2. [Lean Hebreos 12:15 juntos] ¿Cómo es la amargura cuando se compara a una raíz que brota?

3. ¿Cuál es la diferencia entre los regaños/rencillas de una esposa y la humilde y cuidadosa corrección de su marido?

Día 16: Una mujer de modestia
Leer 1 Timoteo 2:9-10

La palabra bíblica para la modestia tiene como raíz el significado "ordenar u organizar adecuadamente". Ordenando el corazón correctamente por gracia, una mujer ordenará su apariencia externa también. Así como la boca habla de la abundancia del corazón, así también el adorno exterior revela algo acerca de la vestimenta del corazón. Adornarse a uno mismo con ropa modesta está en el exterior. Pero el apóstol dice, la mujer temerosa de Dios debe hacer eso, "con pudor y modestia" las cuales son palabras sobre el corazón.

El pudor y la modestia son palabras que se refieren a un sobrecogimiento interior por cualquier cosa que sea vergonzosa para Dios. El pudor y la modestia son el rubor del corazón ante lo que es desagradable para nuestro Padre. Las palabras también indican un cierto control de uno mismo para mantener el corazón ordenado correctamente. De modo que si la intriga de lo prohibido, o incluso simplemente el deseo de hacerse a uno mismo el centro de atención, es tentador, esta mujer tiene un gobernador en su corazón para buscar a Dios por encima de estas cosas. Ella vive delante del rostro de él y no del rostro de los hombres (masculinos). Su confianza está en Dios, no en lo que los hombres están pensando de ella.

Este corazón es algo que se puede ver en una mujer. En las conversaciones, en la forma en que se maneja a sí misma, en su actitud y en su búsqueda de servir a los demás. No es un rasgo de personalidad específico. Puede haber mujeres con grandes personalidades que todavía son modestas de corazón. No se ve en que una mujer sea sombría y nunca se ría. Más bien, el pudor y la modestia tienen como resultado el deseo de mantenerse sometida a Jehová.

Este corazón también es algo que se puede ver en la ropa de una mujer. Ella no es tan desalineada y mal vestida como fuera posible como si eso fuera modestia. Pero ella es propia: encantadora, bien ordenada. Ella no está buscando atención mostrando demasiada piel. Ella no está atrayendo el enfoque en sí misma por la falsa humildad o por la extravagancia. Este es el punto de los apóstoles sobre los peinados ostentosos las perlas y vestidos costosos. En el mundo, esto representa cualquier cosa para llamar la atención indebida hacia uno mismo y expresar el orgullo y la autopromoción mediante el vestido exterior.

Hija(s), es por eso que te enseñamos sobre la verdadera belleza desde el interior hasta el exterior, para que por la gracia de Dios trabajando en ti, desees ordenarte exteriormente de acuerdo con un corazón interior bien ordenado. Hijos, esta es la razón por la que les enseñamos a buscar una mujer que sea ordenada bajo la mirada de Dios en su corazón, mente, actitud e incluso su vestido. Así como la boca habla lo que proviene del corazón, así también el adorno exterior revela algo acerca de la ropa en el alma. ¿Qué clase de mujer quieres que enseñe a tus hijas acerca de estas cosas algún día?

Preguntas/Puntos de discusión:

1. ¿Cuál crees que es la motivación de alguien que se viste inmodestamente?

2. En tu opinión, ¿Cómo es vestirse para la gloria de Dios en esta cultura? se lo más específico posible.

Principios para reforzar tu búsqueda

Día 17: No os unáis en yugo desigual
Leer 2 Corintios 6:14-18

Pasamos ahora a algunos principios específicos de las Escrituras para el noviazgo con el fin de ayudarnos en nuestro camino hacia un matrimonio fiel (bajo la bendición de Dios). Con esperanza, dado todo lo que ya saben, y debido a lo que hemos discutido hasta ahora en este devocional, tu podrías dar algunos, si no todos estos principios por ti mismo. Este primero es uno obvio, pero no menos importante: un creyente no puede casarse con un incrédulo. Y si no puedes *casarte con* un incrédulo, tampoco hay razón para salir *con* él o ella.

El matrimonio es como un marido y una esposa "unidos en yugo" a un arado juntos. ¡Qué romántico! Pero es verdad. Se mueven como uno, como dos animales se mueven juntos como uno solo. Si quieren ir en direcciones diferentes no funciona. Uno eventualmente ganará y será la influencia más fuerte en el otro. Porque, vean, enyugados *deben* moverse en una dirección.

El matrimonio es un compromiso *de por vida* para estar enyugados juntos. ¿Pero no es *el noviazgo* cierto "enyugarse juntos" también? El noviazgo es más que una amistad. E incluso una amistad tiene cierto "enyugamiento" al respecto. Si estás demasiado cerca de un incrédulo en amistad rápidamente te vuelves demasiado cercano al mundo porque te mueves junto con esa persona en sus metas y deseos. ¿Cuánto más no es esto cierto en el noviazgo? El noviazgo es para el matrimonio. No es el matrimonio, pero es *para* el matrimonio. No deberías considerar que salir con alguien es simplemente tener una aventura por diversión. Es un probar del yugo en algunas maneras limitadas para ver si puedes atarte el nudo permanentemente en ese yugo, para nunca quitártelo otra vez (hasta la muerte). Si no puedes comprar el coche, ¿qué razón hay para tentarte at ti mismo al tomarlo para dar un paseo por diversión?

La importancia de reconocer esto se hace evidente cuando el texto da la razón por la cual un creyente y un incrédulo no pueden ser unidos en el mismo yugo. Hay dos principios de vida obrando en un creyente y un incrédulo, y son tan opuestos como los principios de la vida en Cristo y el diablo. El principio de la vida en un incrédulo es la muerte. Una persona no regenerada está viva física pero muerta espiritualmente. Es el mismo principio en tu viejo hombre, pero es todo lo que hay en un incrédulo. Es un principio de vida que busca ser Dios, en lugar de someterse a Dios. Busca huir de Dios, no hacia él. El principio de la vida en ti es, de hecho, la vida. Este, lucha contra el principio de muerte restante. Este, quiere inclinarse ante Jehová como Padre y caminar con él en todas direcciones en el camino de la vida. Este, quiere correr hacia él en arrepentimiento buscando el perdón y amor restaurador incluso si te alejaste por un tiempo. Si enganchas juntos a Cristo y al diablo a un arado y dices "ahora aren juntos", sería imposible. Ellos no tienen que probarlo para averiguarlo. Lo mismo ocurre con un creyente y un incrédulo.

Dios puede trazar una línea recta con un palo torcido. Y con gracia el lo ha hecho en el pasado con personas que han sido novios y se han casado con incrédulos en desobediencia. Él puede convertir a un incrédulo en creyente e incluso crear un matrimonio saludable que lo honre. Pero Dios también dibuja líneas torcidas con palos torcidos. Y él lo ha hecho de este modo mucho más a menudo. Lo mejor es confiar que de la manera como él manda, nosotros experimentaremos lo que él dice que se puede esperar si lo hacemos así.

Preguntas/Puntos de discusión:

1. Discutan la siguiente declaración: "El noviazgo no es un método bíblico de evangelización".

2. ¿Cómo puedes ser un testigo amable, amigable y cuidadoso de un incrédulo del sexo opuesto (tal vez uno que conozcas en el trabajo) sin volverte desigualmente enyugado en ninguna manera?

Día 18: Unidad en doctrina y vida
Leer Amós 3:1-8

El Señor Dios está condenando a Israel por su apostasía. Habla "contra" el en el versículo uno. Aunque ellos todavía son las personas que él redimió de Egipto, las cosas no están bien. Israel estaba desestimando el mensaje de los profetas, no convencido de que Dios tuviera ningún problema con ellos como pueblo. Pero, ¿ruge un león cuando no hay presa? Así que el rugido de Dios a través de sus profetas no es simplemente ruido. Israel debe sentarse y poner atención. Aunque Dios le manda caminar con él en el pacto, Israel está tomando un camino diferente: uno que se aparta de él cada vez más. La experiencia de ellos es que Dios está caminando cada vez menos con ellos y está cada vez más distante. Después de todo, ¿pueden dos caminar juntos, si no están de acuerdo?

Así también tú no puedes caminar junto con tu cónyuge en la experiencia de la unión de una sola carne, excepto si ustedes están de acuerdo. Este acuerdo comienza con una nueva vida compartida en Cristo como discutimos anteriormente. Pero también incluye cómo esa nueva vida se expresa de acuerdo con la palabra de Dios. Hay muchos cristianos difíciles y no aconsejables para que tu salgas y te cases debido a la falta de acuerdo. En otras palabras, que la persona sea cristiana no significa *por sí mismo* que tu debes salir y casarte con ella.

Después de todo, ustedes deben *caminar* juntos. El texto no dice: ¿Pueden dos vivir en la misma casa juntos, o, ¿Pueden dos ser compañeros de cuarto? Pero dice, "¿Andarán dos *juntos*, si no estuvieren de acuerdo?" (v. 3, cursiva agregada). Hay una vida que debes compartir con esta persona *como* una *sola carne*. "De ahora en adelante irán por el camino de la vida juntos". Cuando establezcan un hogar juntos, ¿qué principios doctrinales unirán su hogar? ¿A qué iglesia asistirán? ¿A qué ancianos someterán su vida? ¿Cómo pasarán su tiempo? ¿Cómo criarán a sus hijos? ¿De qué entretenimiento compartirán? ¿A qué clase de escuela enviarán a sus hijos? ¿Cómo pasarán el día del Señor? ¿Habrá devocionales familiares?

Como pueden ver, hay mucho que acordar si van a caminar juntos por el camino de la vida. Y aunque algunas cosas pueden parecer insignificantes para ti ahora, cuando empieces a caminar por ese camino, las diferencias con los principios los llevarán por caminos divergentes: jalando del yugo en dos direcciones.

Esto se hace especialmente cierto cuando crían a los niños juntos. Dos seres humanos pecaminosos con personalidades diferentes tienen suficiente pecado conque luchar, pero cuando el esposo y la esposa tienen desacuerdos doctrinales e incluso desacuerdos prácticos, sólo aumenta la presión sobre el matrimonio y el hogar. Hay muchas cosas que resolver en el noviazgo. Tienes que estar de acuerdo con el que deseas casarte, completamente de acuerdo, antes de comprometerte a caminar por ese camino juntos.

Preguntas/Puntos de discusión:

1. ¿Cuáles son los lugares más fáciles para encontrar a alguien con quien puedas caminar en común acuerdo?

2. ¿Tienes que estar de acuerdo en todo para casarte? ¿Cómo empezar a salir juntos? ¿Cuánto, qué tan poco? Sean específicos en su discusión.

3. *[padres, expliquen algo del gran trabajo que conlleva el matrimonio debido al pecado, y la gran presión que se agregaría además de eso si hubiera un desacuerdo con los principios].*

Día 19: No solo "sigue tu corazón",
pero sigue su Palabra
Leer Deuteronomio 29:29

Se hablará mucho de "aquel". Incluso oramos por "aquel" que Dios ha elegido para ti. Como hemos discutido antes (Día 2), desde el punto de vista del decreto de Dios, sólo hay uno (si la voluntad de el para tu vida es realmente el matrimonio). Desde ese punto de vista, incluso si te rebelas contra todo lo que estamos discutiendo aquí y te casas con "el equivocado", esa persona sigue siendo "aquel". Dios sabe y ya ha determinado a la única persona con la que te casarás.

Pero la determinación de Dios es algo secreto que sólo le pertenece a él. No puedes averiguar quién es esa persona tratando de quitar la tapa del decreto eterno de Dios. Tampoco puedes averiguarlo simplemente confiando en tus sentimientos o "química" mutua. Ese es el punto de la discusión de hoy. Estamos en una sección titulada "Principios para reforzar tu búsqueda". Hoy empieza como uno negativo: no es como si hubiera una persona por ahí que tan perfectamente se adapte a ti o te haga sentir de cierta manera que cuando lo/la encuentras (¡Lotería!), esa es la revelación de la voluntad secreta de Dios sobre "aquel". Los sentimientos son notoriamente volubles y pueden ser tan poco confiables como una mágica bola ocho para meterte en la voluntad secreta de Dios.

Según Deuteronomio 29:29 la única manera que Dios ha dado para ustedes (y nosotros como sus padres con ustedes) para descubrir con quién casarse es su voluntad *revelada;* es decir, sus mandamientos y principios para el noviazgo y el matrimonio. Las cosas de las que estamos hablando en este devocional son su voluntad revelada. Llevar a cabo los principios que él ha revelado puede tomar mucha sabiduría a veces, pero el camino de Dios no está oculto ni es misterioso. Esto no quiere decir que los sentimientos no signifiquen nada; llegaremos a eso mañana. Pero nuestra responsabilidad es seguir lo que él ha revelado. Y eso no es sólo cierto para los adultos; es cierto para nosotros "*y nuestros hijos*" dice el texto. Y eso no es sólo cierto para "aquellos tiempos", mientras que ahora tenemos tantas grandes canciones de amor que nos guían. La voluntad revelada de Dios es para nosotros y nuestros hijos "para siempre".

Puede ser tentador en algún momento decir: "Este sentimiento que tengo ciertamente es Dios diciéndome que esta persona es 'aquel', incluso si estar con esta persona significa que desobedezca la palabra de Dios". Podría ser tentador decir: "Todo simplemente pasó para que estuviéramos juntos, seguramente la providencia de Dios está arreglando esto, incluso si su palabra dijera que no". Dios no nos revela sus secretos sólo por lo bien que algo se siente o parece. Él nos revela sus secretos con su palabra y nos lleva a seguir esa palabra.

Preguntas/Puntos de discusión:

1. ¿Qué tiene los sentimientos que los hacen que sea tan tentador ponerlos por encima de la palabra de Dios?

2. ¿Es posible que lo que percibimos que es una "puerta abierta", es en realidad una tentación del maligno?

3. *[Padres, consideren compartir con sus hijos un momento de su juventud cuando ustedes fueron tentados a ser transigentes debido a emociones fuertes (esto no tiene que estar relacionado con un escenario de noviazgo, pero podría)].*

Día 20: Pon tu corazón en Dios y entonces puedes "seguir tu corazón"
Leer Salmos 37:1-25

Por lo tanto, si sigues la voluntad revelada de Dios y buscas un cónyuge como él te llama a hacerlo, no necesariamente hay una sola persona por ahí que sea "aquel(ella)" desde un punto de vista terrenal. De hecho, puede haber varios que podrían ser "aquel(ella)". Probablemente habrá un buen número con quien podrías casarte y con quien podrías tener un maravilloso, encantador, glorificador, matrimonio y hogar. ¡Genial!

Seguir la palabra te pone en el camino correcto. Pero en algunos casos puede haber un buen número de coches en ese camino. Es aquí donde factores como sentimientos, emociones, personalidades, atracción y "compatibilidad" pueden tomarse en cuenta correctamente. Algunos de estos factores son más importantes que otros, pero todos son factores legítimos. Salmo 37:4 instruye: "Deléitate asimismo en Jehová, y él te concederá las peticiones de tu corazón". Si te deleitas en el Señor, entonces sigues su voluntad revelada. De hecho, es imposible deleitarte activamente en el Señor y luego ignorar su voluntad revelada. Con tu corazón así puesto en Dios y en su camino, los deseos de tu corazón pueden entrar en juego.

Como dijo un hombre, sube la montaña de la santidad en la vida cristiana, y mira quién está subiendo contigo. Entre los que están, puedes "seguir tu corazón" a aquel(ella) cuya conversación disfrutas y aquel(ella) que encuentras atractivo(a). Y si el/ella te considera de la misma manera entonces las "estrellitas en el cielo" son una buena cosa! No olvides mantener los factores secundarios, secundarios. Y recuerde también que a veces la atracción no está allí de inmediato, sino que se desarrolla con el tiempo.

Preguntas/Puntos de discusión:

1. Comprometidos con los principios bíblicos para el noviazgo y el matrimonio, ¿cuán importantes son los sentimientos y la atracción al considerar un compañero? ¿Podemos pensar demasiado de ellos incluso entonces? ¿Demasiado poco?

2. *[Padres, consideren aprovechar esta oportunidad para contarles a sus hijos acerca de su propia "historia de amor". ¿Qué te atrajo primero, segundo de tu cónyuge? Incluso podrías considerar compartir honestamente con tus hijos los*

errores que cometieron en sus citas y usarlos para advertir a sus hijos contra la desobediencia a Dios y mostrar la gracia de Dios a pesar de nuestro pecado.]

Día 21: Responsabilidad de los padres
Leer Génesis 24:1-9

No es el caso que cuando su hijo se convierte en un adolescente, los padres dejen de involucrarse en la vida de su hijo. no es el caso tampoco que cuando su hijo se convierte en un adolescente los padres tengan poca participación en el noviazgo y el matrimonio de sus hijos. Abraham, como cabeza del hogar, sabía que Dios le dio cierta responsabilidad con respecto a quién se casaría con su hijo. Su responsabilidad y autoridad fueron dadas por Dios. Todo padre debe asumir la responsabilidad, tal como lo hizo Abraham.

La enseñanza de las Escrituras es que la autoridad funciona como un paraguas. Los niños y los jóvenes están bajo el paraguas de la autoridad de su padre hasta que establecen sus propios hogares. La autoridad de los padres es para la protección de los niños y jóvenes, así como un paraguas protege a la persona bajo él del clima. Cuando una joven se casa, pasa de estar bajo el paraguas de su padre, a estar bajo el paraguas de su marido. Cuando un joven se casa, pasa de estar bajo el paraguas de su padre, a sostener un paraguas sobre su esposa y su familia. Sin duda, cuando la voluntad de Dios es una vida de soltería (Día 24), una persona establece un hogar donde sostiene el paraguas sobre sí mismo. Pero para nuestros propósitos aquí nos atenemos a ilustrar el noviazgo y el matrimonio.

Joven, no retoces ante la participación sabia y saludable de tus padres en tu vida, incluida tu vida de noviazgo. A pesar de que acabamos de discutir el lugar de las emociones en los días 19 y 20, puede ser que no veas las cosas tan claramente cuando estás envuelto en la situación. Tampoco retoces en contra de las útiles evaluaciones de otras personas de tu familia e iglesia. Volviendo a la historia de Abraham, observen que aquí hay más involucrados aparte de los padres. También está Eliazar, y también está Labán, el hermano de Rebeca. El punto es que, cuando busques un compañero, recibe la sana participación de tu familia en tu noviazgo y matrimonio, y de aquellos con quienes estás cerca en la comunidad del pacto.

Esto no significa que *tú no estarás involucrado*, por supuesto. Tampoco significa que *tus* propios pensamientos y sentimientos sobre el asunto no tengan importancia. Al final del día la familia de Rebeca todavía, "llamaron a Rebeca, y le dijeron: ¿Iras tu con este varón? Y ella respondió: Si, iré" (Gen. 24:58). Esta interacción entre la familia y el joven se verá diferente dependiendo de la familia y el joven y su edad tal vez, pero debe estar allí. Tal vez notaste la palabra "saludable" un par de veces más arriba. Puede haber demasiada participación. Pero la tentación para la mayoría de los hogares es muy *pequeña,* no *demasiada* participación.

Que el Señor conceda que, a través de este proceso, si llega el día en que te cases, tu familia y tu comunidad del pacto a tu alrededor respondan de esta manera: "Cuando el criado de Abraham oyó sus palabras, se inclinó en tierra ante Jehovah" (v. 52). Y, "Entonces Labán y Betuel respondieron y dijeron: "De Jehovah ha salido esto" (v. 50).

Preguntas/Puntos de discusión:

1. ¿Quién debe dar la aprobación final para con quién sales y con quién te casas?

2. ¿Te parece incómodo hablar abiertamente con tus padres sobre tu vida de noviazgo? ¿Por qué o por qué no? ¿Cómo podemos hacerlo más cómodo?

Día 22: Desafío y aprobación de los padres
Leer Josué 14:6-14; Josué 15:13-17

Tal vez tú estás pensando "tengo el control de esta cosa del noviazgo por mi cuenta. " Pero necesitas ayuda, incluso más allá de nuestras discusiones de este mes. Como aprendimos la última vez, Dios ha ordenado que los padres estén involucrados en este proceso: ayudan, guían, supervisan y finalmente aprueban o desaprueban con quién salen y se casan sus hijos.

Dios ha ordenado que el tren se detenga específicamente con el padre que es la cabeza de su hogar. Una buena y abierta relación con tu padre (y tu madre) es de gran ayuda. Además, no enojarse cuando papá y mamá dan requisitos bíblicos para cualquier persona que saldrá contigo, y cuando ellos comprueban si la persona que te interesa coincide con esos requisitos.

En la lectura de hoy vemos que Caleb tenía requisitos para aquel que se casaría con su hija, y él mantuvo esos requisitos cuando llegó el momento. Estos se reducen a tres— confianza total en la palabra de Dios, una vida de poner la fe en acción, y una aplicación de esa forma de vivir a la vida del hombre con su hija

Caleb fue uno de los dos espías fieles. Él había estado en Canaán antes. Dios había prometido al fiel Caleb que recibiría cualquier porción de la tierra que quisiera una vez que los israelitas entraran en Canaán (Josué 14:9). A lo largo de su vida, Caleb confió en las promesas de Dios, aun cuando el resto de Israel no lo hizo (Núm.13:30). Ahora, el confía en que Dios daría *esta* porción a *su* familia específicamente, ¡a pesar de que él tenía 85 años de edad y tendría que luchar contra gigantes reales para conseguirlo! De hecho, *es por esto que* Caleb quería esta *parte* de la tierra específicamente. Quería mostrar que Dios se la daría como se lo había prometido, aunque estaba habitado por gigantes y el estaría empuñando una espada a los 85 años de edad (Josué. 14:12).

Caleb quería un hombre para su hija que confiara en la palabra de Dios como él lo hizo. Había muchos en Israel que no lo hacían. Caleb tenía una fe total, firme e inquebrantable en todo lo que Dios había dado como requisito. Caleb no sólo buscaba el hablar, sino el hablar que se confirmara en el caminar. Caleb estableció un requisito de confianza. Confianza es donde alguien cierra los ojos y deja que su cuerpo caiga hacia atrás, confiando en que los brazos que esperan detrás de ellos los atraparán. El hombre para la hija de Caleb debe mostrar su fe en las promesas de Dios al cimentar su vida en ellas: ¡ven a luchar conmigo contra los gigantes!

Los buenos padres y las madres lo harán de manera similar. Ellos examinarán la confesión y la vida de alguien con quien tú quieres salir. Ellos esperarán a que el *demuestre* que las características del tipo de persona de la que hablamos en los días 8–16 estén en forma de brote. ¿Está esta persona dispuesta a permanecer solo en la palabra de Dios por fe cuando llegue la presión? ¿Está esta persona dispuesta a hacer lo difícil, para permanecer firme en la verdad de Dios? ¿Está esta persona dispuesta a enfrentarse a enemigos gigantes de Dios y su verdad, y enemigos gigantes en su propia fe y caminar personal? ¿Esta persona está aplicando la fe a la relación que tiene con nuestro hijo o hija? Tus padres tienen que conocer, preguntar, caminar con la persona que te interesa para averiguarlo. Este es su trabajo. Sí, tienen que tener cuidado de cómo lo hacen, y a veces tienen que luchar contra el idealismo. Pero es su trabajo por amor a Dios y a ti. ¡Son *ellos los que están poniendo* en acción la fe en la palabra de Dios!

Preguntas/Puntos de discusión:

1. *[Padres, compartan sus propias opiniones y pregunten que piensan sus hijos]* ¿Qué opinas de la vieja práctica del papá entrevistando primero a la persona que quiere salir contigo o con quién quieres salir?

2. *[Padres, compartan sus propias opiniones y pregunten que piensan sus* hijos*]* ¿Cómo podemos nosotros como padres conocer a la persona con la que quieres salir o ahora estás saliendo de una manera que sea útil y cómoda, pero fiel a la responsabilidad que Dios nos da?

Cuidado con los peligros

Día 23: Lujuria cegadora
Leer 2 Samuel 13:1-25; 1 Pedro 5:8;
2 Corintios 2:11

Ahora, obviamente, si hubieras estado allí le habrías dicho a Amnon: "No es amor Amnon, ¡es lujuria! El deseo ha superado tu capacidad de juzgar — está nublando tu mente, y te está llevando a un terrible, ¡terrible pecado!" —Pero ¿qué pasaría si conoces a alguien en el trabajo, un(a) joven/jovencita que es tan guapo/hermosa? Y el/ella sigue hablando contigo y haciéndote reír, y tus turnos laborales siguen siendo los mismos, y todos los demás que trabajan allí están empezando a hablar de lo bien que estarían juntos, e incluso hay un compañero de trabajo llamado Jonadab que ha dicho que está dispuesto a cerrar por ti esta noche para que puedas salir con ese compañero de trabajo? Oh, y tu sabes tan bien como tus padres que este no es alguien con quien deberías estar saliendo... ¿Qué vas a hacer?

A medida que nos movemos en esta nueva sección sobre los peligros a tener en cuenta, la primera es que los cambios hormonales que han sucedido/ están sucediendo/sucederán en ti, pueden tentarte en el momento de abandonar todo lo que hemos hablado, y todo lo correcto que puedes decir acerca de Amnon en este momento. Hay una gran tentación de confundir la lujuria con el amor. Y esa tentación se vuelve aún más poderosa cuando estás bajo la influencia de la música, las películas, los libros, los compañeros de trabajo y los amigos, que cantan y hablan y aman como si la lujuria y el amor fueran iguales. La combinación de tu propio viejo hombre depravado, cambios hormonales que te están preparando para el matrimonio, y el mensaje del mundo, que te tentará a imaginar las posibilidades. Y lo que solían ser estándares y limites, son ahora los restos de la Gran Muralla China, simplemente un recordatorio de lo que una vez fue.

"Sed sobrios, y velad; porque vuestro enemigo el diablo, como león rugiente, anda alrededor buscando a quien devorar" (1 Pedro 5:8). Lee dos veces la siguiente advertencia de C.S. Lewis en la carta veintiséis de **Cartas del Diablo a su sobrino**. Recuerda, este es un demonio ficticio dando consejos a otro demonio ficticio sobre cómo tentar a los jóvenes.

Sí, el cortejo [noviazgo] es el momento
de sembrar esas semillas que crecerán
diez años más tarde en odio doméstico.

El encantamiento del deseo insatisfecho
produce resultados que puede hacer
que los seres humanos confundan
los resultados de la caridad [bíblica].
Aprovechen la ambigüedad en la palabra
"Amor": déjenlos que piensen que han
resuelto, a través del Amor, problemas
que de hecho sólo han renunciado
o pospuesto bajo la influencia del
encantamiento. Mientras dure tienes tu
oportunidad de fomentar los problemas en
secreto y hacerlos crónicos.[3]

[Si la edad es apropiada] Aún más, si te rindes a la tentación sexual, y ni siquiera "completamente", el diablo tendrá un fuerte control sobre ti. Habrá "un poder engañoso", (2 Tes. 2:11). El llamado de las Escrituras es urgente: "que cada uno de vosotros sepa tener su propia esposa en santidad y honor; no en pasión de concupiscencia como los gentiles que no conocen a Dios" (1 Tes. 4:4-5). ¿Cuántos de los hijos de Dios han entrado en relaciones e incluso matrimonios que nunca debieron haber celebrado porque se inclinaron ante el dios de la lujuria y asumieron que todo funcionaría al

---

[3] Traducción directa del original por parte del traductor.

final? ¿Cuántos tienen familias como la de David, ¡con Amnones y Absalones como consecuencia!? Proverbios 6:27, "¿tomará el hombre fuego en su seno sin que sus vestidos ardan?". Oh, sé muy cuidadoso, Sino Satanás obtendrá una ventaja sobre nosotros: ¡porque no somos ignorantes de sus maneras de actuar!

Preguntas/Puntos de discusión:

1. ¿Qué es el amor verdadero?

2. [Si la edad es apropiada] ¿Por qué es tan importante reservar el don dado por Dios del sexo para el matrimonio a medida que pasas por el proceso de buscar un cónyuge?

3. Da un ejemplo de un momento en el que tus juicios han sido nublados por tus deseos. ¿Qué tan fácilmente crees que tu juicio puede ser nublado como el de Amnon?

Día 24: Hacer un ídolo del matrimonio
Leer Isaías 56:1–7

El primer peligro que debes saber al buscar a un marido o esposa es la lujuria cegadora que te tentaría a estar con la persona equivocada de la manera equivocada o incluso con la persona correcta de la manera incorrecta. El segundo peligro (que veremos hoy) es un deseo cegador *del matrimonio mismo* que los tentaría a estar dispuestos a estar con el tipo equivocado de persona. El peligro aquí es que tu estarías tan enamorado de la *idea* del matrimonio, o la *idea* de tener hijos, que no estarías dispuesto a permanecer soltero(a) hasta que Dios te traiga el tipo correcto de persona (incluso si eso significa toda tu vida). Este es un peligro que te llevaría a decir: "me arriesgaré; Sólo quiero casarme".

Este es un peligro real, especialmente si es la voluntad de Dios que envejezcas un poco y veas a muchos de tus amigos casarse, sin embargo, tú te quedas solo. Ha habido aquellos que han ido antes que tú, descontentos con la soltería, que han estado dispuestos a renunciar a casarse en el *Señor* sólo por tener un *matrimonio*.

Al menos deberías reconocer la posibilidad de que la soltería sea la voluntad de Dios para ti. Es verdad, la manera general de las cosas en el pacto de Dios es que nos casemos en el Señor y tengamos una familia. Pero hay momentos en que Dios dice no a esto. O cuando Dios dice, "no cuando todos los demás están recibiendo esto, sino mucho más tarde". O cuando Dios dice, "Te daré un cónyuge, pero no te daré hijos". El matrimonio y la familia no son cosas que Dios nos promete individualmente.

Una de las cosas que ayudarán a combatir la tentación de idolatrar el matrimonio y los hijos es ver que la soltería es en sí mismo un buen don de Dios. El pasaje que leemos hoy ayuda aquí. El pasaje nos dice que la casa de Dios "será llamada casa de oración para todos los pueblos" (v. 7). Específicamente, en el texto, "todos los pueblos" incluyen al "extraño" (el converso no nacido y criado en un hogar cristiano), y el "eunuco"" (un miembro soltero de la iglesia, o uno casado, pero sin hijos). Estos son miembros que están tentados a decir (v. 3), "Me apartará totalmente Jehová de su pueblo" (Soy diferente de todos y por lo tanto separado de ellos). O, (v. 3), ¡"He aquí yo soy árbol seco" (No soy fructífero porque no tengo hijos como la mayoría de los demás aquí en la iglesia)! Al carecer de cónyuges y/o hijos estos miembros de la iglesia se ven tentados a pensar que no son tan importantes para Dios como los demás, que son cristianos de "clase económica" en comparación con los cristianos de "primera clase" nacidos en la iglesia, o con cónyuges e hijos.

En el texto Dios da tres razones por las que estos pensamientos tentadores son falsos.

1. Estos pueden abrazar "mi pacto" tanto como cualquier otra persona (v. 4). De hecho, hablando de los solteros o de los que no tienen hijos, ¡a menudo pueden apoderarse del pacto de Dios de una manera que los miembros casados o aquellos con hijos no pueden! El pacto de Dios en su corazón es una relación de comunión con Dios. A menudo los solteros o los que no tienen hijos están más cerca de Dios porque él es su amigo más querido.

2. "yo les daré lugar en mi casa ... y nombre mejor que el de hijos e hijas; nombre perpetuo les daré, que nunca perecerá" (v. 5). Los miembros solteros o sin hijos no tienen hijos e hijas que lleven su apellido terrenal. Pero Dios dice que les dará un nombre mejor que cualquier nombre terrenal.

¡Es decir, el nombre de hijo o hija de Dios! Es un nombre eterno que nunca será cortado.

3. Yo "los recrearé en mi casa de oración" (v. 7). Es decir, "yo les doy alegría al servirme en mi iglesia". Esto es lo mismo de lo que Pablo habla en 1 Corintios 7:32 cuando dice que la soltería da el privilegio de más tiempo para cuidar "de las cosas del Señor". Dios da a los cristianos solteros y sin hijos vidas alegres entregados al servicio de Dios y de los demás sin la responsabilidad del matrimonio o de los hijos.

Sabiendo esto sobre la soltería, tú estarás menos tentado a buscar el matrimonio "a toda costa". Una vida de soltería en la iglesia es una vida bendecida y buena. El matrimonio y los hijos no pueden tener un lugar en tu vida el cual está reservado solo para Dios. Tu fuente de felicidad es que lo conoces, cualquiera que sea su voluntad para ti.

Preguntas/Puntos de discusión:

1. ¿Hay algún miembro soltero en la iglesia que conozcas que sea un buen ejemplo de obediencia, contentamiento, y gozo con el camino de Dios para ellos, aunque, digan que desean el matrimonio

2. ¿Cómo podría una persona idolatrar el matrimonio y los hijos, incluso si Dios les da un matrimonio correcto e hijos también?

3. Analicen esta declaración: Cuanto más crezcas en tu relación con Dios, más contento (¡y gozoso!) estarás ya sea soltero o casado.

Día 25: Fe falsa
Leer Josué 9:1-16

Hemos visto dos peligros hasta ahora, la lujuria cegadora, y hacer un ídolo del matrimonio. Un tercero es el peligro de un compromiso falso. Dios había mandado a los israelitas que no hicieran ningún tratado con los habitantes de la tierra una vez que Dios los trajera a Canaán. En vez de eso, debían erradicar a la gente allí, todos los cuales habían llenado la copa de la iniquidad (Deut. 7:1-2; 20:16-18). Los gabaonitas, conscientes de que no tenían ninguna oportunidad contra esta banda ungida por Dios, intentaron un enfoque diferente de los demás "itas" en la zona: Encontrar una manera de atarse así mismo a Israel en matrimonio. Pero, ¿cómo lograrlo cuando el Padre (Dios) le había dicho a su hija (Israel) que no saliera con ninguno de los impíos en la tierra? La única manera de "conseguir a la chica" era fingir ser algo que no eran. No necesariamente importaría si el Padre pudiera ver a través de esto, siempre y cuando la hija no pudiera. Todo lo que necesitaban era tiempo suficiente para ganarse su corazón.

Esto ha funcionado antes con los padres terrenales y sus hijas terrenales. Tristemente, volverá a suceder, no sólo con hijas, sino también con hijos. Las emociones pueden ser tan poderosas. No sólo pueden hacer que una persona quiera creer que alguien realmente tiene un corazón que busca a Dios, ellas incluso pueden hacer que la otra *persona* quiera pretender *tener* un corazón en busca de Dios. Los gabaonitas no sólo pretendían ser de un lugar suficientemente lejos como para no estar bajo el mandato de Dios de la erradicación, sino que pretendían reverenciar al mismo Dios que la hija veneraba (Josué 9:9-11). A veces una persona puede ser deliberadamente engañosa, sabiendo que sólo necesita cuidar las apariencias el tiempo suficiente hasta que pueda robarla. Otras veces, una persona ni siquiera puede ser plenamente consciente del hecho de que es el joven/la joven, no Dios, a quien ellos "aman". Cuando las emociones fuertes se desvanecen después de uno o dos años de matrimonio, la fe común sobre la que se debe construirse un matrimonio no está allí, y la verdad devastadora sale a la luz (v. 16).

Parte del problema fue que Josué reaccionó demasiado rápido (v. 14-15). Ingenuamente creyó la confesión de los gabaonitas. No procedió lentamente, con precaución, para juzgar si la historia y la confesión eran genuinas. Que esto sea una lección. El tiempo generalmente lo dirá. No salgas con alguien sin una *historia* de confesión y vida de servicio genuino a Dios y a la fe. Además, Josué no trajo el asunto ante el Señor (v. 14). Cuán importante es que oremos y busquemos la Palabra de Dios en este asunto, recordándonos a nosotros mismos la apariencia de la fe genuina y sus efectos.

Todavía hay jóvenes gabaonitas y jovencitas gabaonitas por ahí, algunos de los cuales han crecido en la iglesia toda su vida, otros que han fingido la conversión. Ellos dejan una estela de devastación detrás de ellos durante generaciones, incluso en la vida de hijos fieles de Dios. Por supuesto, no podemos ser cínicos. La lección de mañana ayudará con esto. Pero este peligro es real. Que Dios nos dé sabiduría para evitarlo.

Preguntas/Puntos de discusión:

1. *[Padres, ¿saben de algún caso de este tipo con el que advertir a sus hijos? (no mencionen nombres si es necesario, por supuesto).]*

2. Si el diablo odia los matrimonios piadosos, ¿crees que podría intentar enviar una gabaonita o dos a tu vida en algún momento?

Día 26: Juzgar a los demás por sus antecedentes y no por la obra de Dios en ellos
Leer Josué 2:8-13; 6:22-25

Hay un peligroso bache opuesto al que discutimos en la lección de ayer. Ese peligro es descartar la obra genuina de Dios en la vida de alguien a pesar de su origen o situación familiar. Aquí estamos aplicando este pasaje no sólo a las personas que no fueron criadas en un hogar e iglesia fieles, sino también a aquellos que han nacido en la esfera del pacto y se han rebelado por un tiempo.

Lo último que los espías hubieran esperado era encontrar a una ex prostituta en Jericó confesando fe en Jehová! ¿Quién habría pensado que Rahab figuraría en el salón de la fe en Hebreos 11, y, aún más sorprendentemente, que figuraría en la genealogía de Cristo mismo como una de sus abuelas? Dios puede y de hecho obra a pesar de los antecedentes de una persona. Es el Señor soberano del cielo y de la tierra, y de los corazones y vidas de las personas también.

Es interesante comparar la confesión de Rahab con la confesión de los gabaonitas del devocional de ayer. Los gabaonitas dicen, "Tus siervos han venido de tierra muy lejana, por causa del nombre de Jehová tu

Dios; porque hemos oído su fama, y todo lo que hizo en Egipto, y todo lo que hizo a los dos reyes de los amorreos que estaban al otro lado del Jordán: a Sehón rey de Hesbón, y a Og rey de Basán, que estaba en Astarot." (Josué 9:9-10, énfasis mío). Rahab dice: " Porque hemos oído que Jehová hizo secar las aguas del Mar Rojo delante de vosotros cuando salisteis de Egipto, y lo que habéis hecho a los dos reyes de los amorreos que estaban al otro lado del Jordán, a Sehón y a Og, a los cuales habéis destruido". (Josué 2:10). Estas son prácticamente iguales. Entonces, ¿cómo sabes quién es genuino y quién no?

Lo que dicen los gabaonitas y Rahab no es exactamente lo mismo. Rahab añade esto, "porque Jehová vuestro Dios, es Dios arriba en los cielos, y abajo en la tierra" (Josué. 2:11). Una confesión más personal y urgente (como lo que Moisés llama a Israel a confesar en Deut. 4:39). Sin embargo, la principal diferencia es que, con el tiempo, y en circunstancias difíciles, Rahab mostró su fe con sus obras (Santiago 2:25). En primer lugar, ella estaba dispuesta a terminar con su antigua forma de vida por última y completamente, sin retener nada. Ella abandonó su vida pasada e incluso a sus amigos pasados por el bien de su confesión. Y ella lo hizo poniendo en riesgo su vida. Si un soldado hubiera buscado entre el lino con su lanza y hubiera descubierto a los espías allí, ella habría sido asesinada. En segundo lugar, no sólo abandonó negativamente al mundo, sino que se consagró positivamente a Dios y a su reino. Ató el cordón escarlata a su ventana con fe. Y, Josué 6:25 nos dice: "más Josué salvo la vida de Rahab la ramera, y la casa de su padre, y todo lo que ella tenía, y *habitó entre los israelitas hasta hoy*" (el énfasis es mío). Ella demostró su fe durante un período de tiempo, uniéndose al pueblo de Dios, aprendiendo las obras y los caminos de Jehová, adorando con el pueblo de Dios y entrando en la vida de pacto de Dios voluntaria y activamente.

Mateo 1:5 nos dice que finalmente Rahab se casó con un nombre israelita llamado Salmón. La tradición judía dice que él era uno de los dos espías. Pero noten, el no puso un anillo en el dedo de ella después de su conversación con ella ese día en la pared. Él no fue tras ella sino hasta después de que ella se había mostrado a sí misma como parte genuina del pueblo de Dios en su corazón y en su vida durante un largo período de tiempo. Josué se comprometió demasiado pronto. Salmón esperó y vio al Señor trabajar soberanamente.

Preguntas/Puntos de discusión:

1. ¿Cómo nos llevan las doctrinas de la gracia (los cinco puntos del calvinismo) a creer que Dios puede realizar obras hoy como las que realizó en Rahab, tanto en los que están fuera de la iglesia, como en los que están dentro en rebelión durante un tiempo?

2. Dado este devocional y el anterior, ¿cómo puedes discernir la diferencia (nunca infaliblemente) entre alguien que ama la fe reformada, y uno que sólo está pasando por las emociones? ¿Cómo no desconfías de la obra genuina del Señor, pero al mismo tiempo no eres ingenuo?

3. Con el devocional de hoy en mente, explica la importancia de observar a la persona con la que estás saliendo (o desea salir) mientras el/ella vive la "vida normal" aparte de cuando salen juntos en la diversión y buen tiempo.

Una alegría misteriosa

Día 27: El rastro del hombre en la doncella

Día 27: El rastro del hombre en la doncella
Leer Proverbios 30:18-20

El Espíritu Santo habla de cuatro cosas que, aunque explicables en muchos aspectos, al final dan paso al misterio. En otras palabras, cosas que obligan a uno a dejar de tratar de explicar cómo funciona todo, para que pueda retroceder y mirar con gusto y asombro y maravilla el diseño de Dios. Lo primero que señala el Espíritu es ver a un águila volar; como desafía la gravedad y se mueve tan fluidamente entre un elegante flote y un golpeteo del aire para velocidad. La segunda observación es de la forma en que una serpiente se mueve sobre una roca; como, sin pies, se desliza a través de la superficie. El tercero es la forma en que un barco se mueve a través del mar; como un objeto tan pesado flota a través del agua. Tú puedes sacar tu libro de ciencias y explicar estas cosas científicamente. Pero incluso después de hacer eso, tú todavía deberías ser capaz de apreciar la maravilla de todo esto. Hay algo al respecto, incluso después de hacer los cálculos matemáticos, que está más allá de ti.

El cuarto ejemplo dado es el rastro de un hombre en una doncella. La palabra "doncella" es la palabra para virgen. Él Espíritu está hablando de la maravilla de un hombre y una mujer que se inclinan románticamente el uno al otro, que se acercan al matrimonio, y finalmente se casan y consumen el matrimonio. Él está hablando de dos que lo hacen con piedad y pureza, según el camino de la palabra de Dios. Es por eso que el siguiente verso habla de lo opuesto: una adúltera que se involucra en sus conquistas y no siente ningún remordimiento de conciencia, pero simplemente satisface los deseos como comer una comida. "el proceder de la mujer adultera es así: come, y limpia su boca" (v. 20). Un escenario sin maravilla.

Una de las tragedias del pecado mientras tiene poder sobre el noviazgo y el matrimonio es que ¡no hay misterio ni maravilla que glorifiquen Dios en absoluto! En vez de eso hay sólo la insensible satisfacción de pasiones, ¡no es diferente de limpiarse después de comer una hamburguesa y continuar tu camino! Pero la cadencia desinteresada de dos en Cristo descubriéndose el uno al otro como creaciones de Dios, resistiéndose a complacerse a sí mismo para servir al otro, así como tales jugueteos mutuos y desinteresados para aumentar el deseo y la unión, ¡eso es una maravilla más allá de la imaginación!

Hay en el proceso del noviazgo y compromiso la sensación de ser atraídos el uno al otro, el querer pasar horas hablando, las bromas personales y la risa, la atracción que construye, el amar de solo pasar tiempo juntos incluso si lo que estás haciendo no es tan emocionante. Existe esta manera progresiva en que los dos comienzan a leer los pensamientos del otro solo con mirar el rostro, la forma en que las vidas se funden progresivamente entre sí. Es un misterio maravilloso y debería serlo. Aun cuando el futuro esposo y esposa de Cantar de los Cantares están comprometidos con la ley de Dios por su pureza — "no despertéis ni hagáis velar al amor, Hasta que quiera" (8:4) la maravilla, el romance y el misterio es palpable hasta el final—. "¡¡Oh, si él me besara con besos de su boca! Porque mejores son tus amores que el vino" (1:2). Esto debería existir en una relación. Esto debe ser algo que ambos pueden mirar atrás en tiempos difíciles y recordar con alegría (Prov. 5:17).

[Leer este párrafo solo si es apropiado para la edad] Piensa en la manera en que la confianza piadosa y el deseo se han construido en la relación que honra a Dios. Entonces llega el momento en que esta confianza puede expresarse adecuadamente en la intimidad del

sexo en el matrimonio. A medida que la mujer se presenta ante este hombre con una vulnerabilidad que ella no había conocido antes, lo hace precisamente porque él se ha ganado esa confianza en su devoción y compromiso desinteresado. Por parte del hombre, hay un "tomar" de su esposa, con un amor poderoso pero protector. Esto también habla de Cristo y de su iglesia. La intimidad de Cristo y su novia es un misterio (Ef. 5:32). ¿Por qué esperaríamos que lo que refleja esto tenga menos asombro y maravilla? En los confines de una relación bíblica, el misterio es algo santo y glorioso. Y la maravilla de ello es otra razón para ser novios y casarse de la manera bíblica.

Es maravilloso que cuando las Escrituras describen el noviazgo y el matrimonio ante el rostro de Dios, no solo lo hace con dar pautas autoritativas. También permite el misterio y la maravilla y lo elogia. Cualquier cosa discutida en este devocional seria mal usado si hace que una relación sea calculada, matemática, y lo deja sin ningún asombro. Hay guías —guías escriturales, guías autoritativas, y ellas deben ser respetadas como tales. Pero dentro de sus fronteras, debe haber cierta alegría, asombro y misterio y libertad que es como un respirar de aire puro desde la cima de una gran montaña. El Espíritu Santo también escribió Cantar de los Cantares.

Preguntas/Puntos de discusión:

1. ¿Es prudente seguir progresando en una relación en la que este misterio está ausente? ¿Es esto la última gota? ¿Hay una escala de grises que podamos apreciar sabiamente?

2. ¿Qué haces, si tienes una atracción misteriosa, pero los padres y otras personas te señalan que está fuera de los límites de las Escrituras? ¿Es hermoso a los ojos de Dios?

Un ejemplo para emular

Día 28: Rut en Rut 1

No subestimes el poder de un buen ejemplo. Algunas personas, por gracia, pueden dar un buen ejemplo para otros sin que ellos mismos hayan visto un buen ejemplo (Ruth). A otros les cuesta dar un buen ejemplo sin tener ellos mismos uno que seguir (la gran mayoría de nosotros). Espero que tus padres puedan relatar su vida de noviazgo como un buen ejemplo para ti, y espero que su matrimonio sea un buen ejemplo para ti ahora. Pero en la sabiduría soberana de Dios tal vez uno o ambos no lo es. Y por supuesto, en este lado del cielo, cualquier ejemplo, incluso uno bueno, va a ser empañado con el pecado y el fracaso. Booz y Rut también eran pecadores, y su ejemplo estaba manchado de pecado y fracaso. Sin embargo, las Escrituras establecen a Booz y Rut como un maravilloso ejemplo de dos personas piadosas que buscaban el matrimonio.

Como tal, vale la pena examinar, orar y recordar su ejemplo. El diablo utiliza el mundo para promover una visión alejada de Dios del amor, el sexo, el noviazgo, el matrimonio y la familia. El mensaje peligroso nos llega a través de la música, textos, imágenes, e incluso personas reales. Pero la palabra en las manos del Espíritu puede retener esta marea. Agreguemos esta última pieza a lo que hemos visto en las Escrituras, un *ejemplo* de las Escrituras de personas de la vida real. Vamos a tomar un capítulo al día del libro de Rut. El desafío será señalar cosas acerca de Rut y Booz que son buenos ejemplos de lo que hemos estudiado.

[Comienza cada uno de los siguientes cuatro devocionales leyendo el capítulo del día, díganles a todos que están viendo en silencio a un ejemplo divino en Rut y Booz mientras leen. Luego vuelvan a ese capítulo de nuevo y juntos señalen qué buenos ejemplos se pueden encontrar. Aquí abajo, verán en la lectura de cada día, una lista de cosas que mi familia y yo encontramos para cada capítulo que hacen de Rut y Booz un buen ejemplo. Esto será como una "acordeón" para ustedes. Pero espero que puedan encontrar lo mismo por su cuenta, e incluso añadir otras observaciones. Si quieren ir más allá, miren si pueden conectar algo de lo que encuentren en Rut y Booz con devocionales específicos de días anteriores. Después de que hayan terminado con el devocional de cada día, oren juntos por los niños y los jóvenes del hogar para que este ejemplo sea lo que miren en lugar de los ejemplos del mundo.]

Lean Rut 1 y luego regresen y encuentren al menos estas cosas sobre la piedad de Rut:

a. Versículos 1-6: A pesar del mal ejemplo de la familia en la que ella se casó, Ruth está comprometida con el Señor.

b. Versículos 11-13: Ruth está dispuesta a renunciar a la posibilidad de un esposo y de hijos para vivir soltera por el bien de Dios y de su pueblo. Su relación con Dios era más importante.

c. Versículos 14-15: La confesión de Rut es probada y sale como oro. Rut se aferra a Noemí a pesar de que se le dice que regrese y encuentre un esposo de Moab (vv. 8-13). Esto demuestra su compromiso con el Señor.

d. Versículos 14-15: Ruth se aferra a Noemí, incluso cuando Orfa se va y vuelve. Ruth no se limita a seguir la presión de sus compañeros.

e. Versículo 15: Los dioses de la cultura de Rut no la detuvieron.

f. Versículos 16-17: La confesión de Rut es total y de todo corazón.

Día 29: Rut y Booz en Rut 2

Lean Rut 2, y luego vuelvan y encuentra al menos estas cosas sobre la piedad de Rut y Booz y su plática inicial:

Ruth

a. Versículo 2: Rut se preocupa voluntariamente por las necesidades y está dispuesta a satisfacerlas.

b. Versículo 10: Rut es humilde, respetuosa y agradecida. Ella no es mimada y ni espera atención.

c. Versículo 11: La vida de Rut no dejó ninguna duda acerca de su confesión y piedad. La reputación de Ruth se basó en su confesión y vida. Booz se da cuenta. Vive piadosamente y el tipo correcto de persona se dará cuenta.

d. Versículo 13: Una vez más, Rut es humilde, no orgullosa ni esperando más atención.

e. Versículo 17: Ruth es trabajadora, trabajando hasta el anochecer.

Booz

a. Versículo 4: Booz no es simplemente un "cristiano dominical". El lleva su fe para trabajar con él y la convierte en parte de su vida regular.

b. Versículo 5: Booz está alerta de aquellos que tienen necesidades.

c. Versículos 8-9, 14-16: Booz utiliza su dinero para cuidar a los necesitados y vulnerables y es decisivamente generoso con los mismos.

d. Versículo 9: Booz quiere proteger a las mujeres, no aprovecharse de ellas. (Este es el tiempo de los Jueces, los jóvenes no siempre eran dignos de confianza).

e. Versículo 11: La piedad para Booz es más impactante que cualquier otra característica. Su ojo y su oído están sintonizados con un compromiso con Dios, la iglesia y la propia familia.

f. Versículo 14: Aunque tiene dinero, Booz no es arrogante ni presuntuoso. Goza de comunión con personas de menor estatus que él mismo.

g. Versículos 21-23—El cuidado de Booz por los demás no es simplemente "una vez y ya". Su cuidado es una parte consistente y comprometida de su carácter (hasta el final de la cosecha de la cebada y el trigo).

Día 30: Rut y Booz en Rut 3

Lean Rut 3 y luego regresen y encuentren al menos estas cosas sobre el romance de Rut y Booz:

Ruth

a. Versículo 3—La belleza femenina y el atractivo no son algo malo en sí mismo.

b. Versículos 5-6: Rut es obediente a su madre. Ella hace uso de sabios consejos de los padres.

c. Versículo 10: Rut está buscando la piedad primero, no cosas externas como la juventud o el dinero.

d. Versículo 11: Ruth es una mujer virtuosa y tiene una reputación como tal.

Booz

a. Versículo 7: El mismo Booz trabaja duro. No deja que sus hombres hagan todo el trabajo mientras él es perezoso.

b. Versículo 10: Booz es humilde.

c. Versículo 11: Booz quería mantener una buena reputación. Le importaba la opinión de la iglesia acerca de él.

d. Versículos 12-13—Booz obedecía la ley de

Dios a pesar de que iba en contra de lo que él deseaba. ¡Qué importante para todos los aspectos del noviazgo!

e. Versículo 14: Booz se preocupaba no sólo por su propia reputación entre el pueblo de Dios, sino también por la de Rut.

f. Versículo 15: A Booz le importaba la *familia* de la persona que a él le importaba.

g. Versículo 18: El carácter de Booz era conocido. Él tenía fama de ver terminar lo que empezaba.

Día 31: Booz en Rut 4

Lean Rut 4 y luego regresen y encuentren al menos estas cosas sobre el liderazgo de Booz

a. Versículos 1-2: Booz está dispuesto a liderar.

b. Versículos 1-5: Booz se adhiere a sus convicciones para honrar la ley de Dios; él no se aparta de su convicción primera.

c. Versículo 9: Booz honra la autoridad de los ancianos de la iglesia.

d. Versículo 10 en contraste con el versículo 6: El amor de Booz es sin egoísmo y sacrificial. El protegería el nombre del difunto marido y del difunto suegro de Ruth, posiblemente a pesar de su propio nombre.

e. Versículo 22: Dios bendice la fidelidad de Booz y Rut. No tenían idea de que serían parte de la línea de Cristo. Son simplemente fieles, confiando en que Dios se encargará de los resultados.

Conclusión

¡Lo lograste! Ahora que ustedes como familia han terminado este devocional de 31 días, mi oración es que los jóvenes hayan visto la maravilla del matrimonio, hayan sido convencidos de la manera bíblica de buscar el matrimonio, y sido animados a buscar el tipo de relación con Dios que los prepara para este honorable estado. ¡Tal vez revisar esto con sus jóvenes incluso haya ayudado a los padres a crecer en sus matrimonios! Mi oración es que este libro devocional será utilizado por Dios como una herramienta para proporcionar a la iglesia otra generación de matrimonios y hogares sanos y piadosos. ¡Que el Señor los bendiga al buscar el matrimonio para su gloria!

En amor cristiano,

Pastor Cory Griess

Si fuiste edificado por este libro, te recomendamos nuestro libro de Doctrina Reformada titulado Doctrina Conforme a la Piedad. Este libro contiene capítulos pequeños de Teología Sistemática que son ideales para responder a las dudas doctrinales de jóvenes y adultos. Además, este libro puede ser de gran ayuda para el entrenamiento de pastores y ancianos tanto en el área académica en seminarios, como en el área eclesiástica en estudios bíblicos o como base para sermones. Aunque los capítulos son breves, son profundos en doctrina y teología, pero fáciles de discernir.

www.ingramcontent.com/pod-product-compliance
Lightning Source LLC
Chambersburg PA
CBHW061147040426
42445CB00013B/1599